SIMTAIL

심승아 심플 디테일 소방학개론

심의 한 수
파이널 모의고사

Contents

문제편

소방학개론 모의고사 **01**회 ····· 004	소방학개론 모의고사 **05**회 ····· 024
소방학개론 모의고사 **02**회 ····· 009	소방학개론 모의고사 **06**회 ····· 029
소방학개론 모의고사 **03**회 ····· 014	소방학개론 모의고사 **07**회 ····· 034
소방학개론 모의고사 **04**회 ····· 019	소방학개론 모의고사 **08**회 ····· 039

해설편

소방학개론 모의고사 **01**회 ····· 004	소방학개론 모의고사 **05**회 ····· 029
소방학개론 모의고사 **02**회 ····· 011	소방학개론 모의고사 **06**회 ····· 035
소방학개론 모의고사 **03**회 ····· 017	소방학개론 모의고사 **07**회 ····· 041
소방학개론 모의고사 **04**회 ····· 024	소방학개론 모의고사 **08**회 ····· 047

SIMPLE DETAIL

문제편

제 01 회 소방학개론 모의고사

01
연소의 3요소 중 가연물이 될 수 없는 조건과 물질의 연결이 옳은 것을 모두 고른 것은?

- ㄱ. 자체가 연소하지 않는 물질 - 돌, 흙
- ㄴ. 주기율표 0족의 불활성 기체 - 헬륨(He), 네온(Ne), 라돈(Rn)
- ㄷ. 흡열반응하는 물질 - 질소(N_2)
- ㄹ. 완전산화물 - 일산화탄소(CO), 오산화인(P_2O_2), 삼산화황(SO_3)

① ㄱ, ㄷ
② ㄱ, ㄴ, ㄷ
③ ㄴ, ㄷ, ㄹ
④ ㄱ, ㄴ, ㄷ, ㄹ

02
연소생성물 중 발생하는 연소가스에 관한 설명으로 옳지 않은 것은?

① 일산화탄소는 가연물이 불완전 연소할 때 발생하는 것으로 유독성 기체이며, 인체 내의 헤모글로빈과 결합하여 인체 내 산소공급을 방해하는 특징을 가지고 있다.
② 아황산가스는 털, 고무류 등 황을 포함한 유기화합물의 연소 시에 발생하고, 유독성으로 눈 및 호흡기 등의 점막에 손상을 준다.
③ 암모니아는 합성수지인 불소수지가 연소할 때 발생하는 연소생성물로 상업용, 공업용 냉동시설의 냉매로 많이 사용한다.
④ 염화수소는 폴리염화비닐 등과 같이 염소가 함유된 수지류가 탈 때 주로 생성되며 금속에 대한 강한 부식성이 있다.

03
가연성 액체의 위험에 관한 내용으로 옳은 것은?

① 온도, 인화점, 발화점이 높을수록 위험하다.
② 증발열, 비열, 비중이 클수록 위험하다.
③ 증기압이 높고 연소열이 클수록 위험하다.
④ 표면장력이 클수록, 연소범위가 넓을수록 위험하다.

04
증기운 폭발(UVCE: Unconfined Vapor Cloud Explosion)에 관한 내용으로 옳지 않은 것은?

① 대량의 가연성 액체가 유출되면 그것으로부터 발생하는 가연성 증기가 공기와 혼합기체를 형성하고 점화원에 의해 폭발이 일어나는 현상이다.
② 증기운의 크기가 커질수록 착화확률이 낮아지는 반면에 풍속이 낮아 증기운이 잘 확산되지 않는 경우에는 증기운의 피해가 더 커진다.
③ 가연성 증기가 난류형태로 발생한 경우 폭발의 충격이 더 커진다.
④ 예혼합연소(폭발)에 대한 모습을 나타낸다.

05
연소(폭발)한계에 대한 설명으로 옳지 않은 것은?

① 가연성 혼합기체의 위험도는 연소 하한계가 낮고 연소범위가 넓을수록 위험하다.
② 최소발화에너지(MIE: Minimum Ignition Energy)란 연소범위 안에 있는 가연성 혼합기를 발화시키는 데 필요한 최소한의 에너지를 말한다.
③ 연소범위는 기체물질의 위험도 기준이 될 수 있다.
④ 탄화수소계에서 분자구조가 복잡해질수록 연소범위가 넓어지고, 위험도는 증가한다.

06

밀폐된 건물의 실내에서 화재가 발생하였을 경우 실내의 변화에 대한 설명으로 옳지 않은 것은?

① 실내압력과 산소분압이 높아진다.
② 일반적으로 연료지배형화재에서 환기지배형화재의 모습으로 변하기 시작한다.
③ 연소생성물이 증가한다.
④ 화재 시 온도상승으로 인해 부피는 팽창하고, 밀도는 감소하여 연기가 이동하게 된다.

07

강화액 소화기의 특성으로 옳지 않은 것은?

① 대형소화기의 경우 80[L] 이상으로 충전해야 한다.
② 내한성에 중점을 두어 응고점을 보완하여 한냉 시에도 사용가능하다.
③ 압축공기 또는 질소가스로 축압하여 사용한다.
④ 부촉매효과로 인한 화재의 제어작용이 크다.

08

구획실 화재에서 화재온도 상승곡선을 정하는 온도인자에 관한 설명으로 옳은 것은?

① 개구부 크기, 개구부 높이의 제곱근에 비례하고 실내의 전체 표면적에 반비례한다.
② 개구부 크기에 비례하고 개구부 높이의 제곱근에 반비례한다.
③ 개구부 크기, 개구부 높이의 제곱근 및 실내의 전체 표면적에 비례한다.
④ 개구부 크기에 반비례하고 개구부 높이의 제곱근에 비례한다.

09

불완전연소의 원인으로 옳지 않은 것은?

① 주위의 온도가 너무 낮을 때
② 공기 공급량이 부족할 때
③ 가스의 조성이 균일할 때
④ 환기 또는 배기가 잘 되지 않을 때

10

자연발화의 설명으로 옳지 않은 것은?

① 자연발화란 공기 중에 놓여있는 물질이 상온에서 저절로 발열하여 발화되는 것으로 산화, 중합, 흡착 등에 의한 반응열의 축적으로 발생한다.
② 요오드가 클수록 산화되기 쉽고 자연발화의 위험성이 높다.
③ 아세틸렌, 산화에틸렌, 니트로셀룰로오스 등은 분해열에 의해 자연발화할 수 있다.
④ 자연발화를 방지하기 위해서 저장실의 온도를 낮게 유지하며, 공기 중 습도를 높여 열축적을 방지해야 한다.

11

에탄올(C_2H_5OH)이 O_2와 반응하여 H_2O을 생성시키는 반응식이다. 이때 a + b + c는 얼마인가?

$$2C_2H_5OH + aO_2 \rightarrow bCO_2 + cH_2O$$

① 8
② 10
③ 16
④ 20

12
폭연(Deflagration)과 폭굉(Detonation)에 관한 설명으로 옳지 않은 것은?

① 폭연은 반응 또는 화염면의 전파가 분자량이나 난류확산에 영향을 받는다.
② 폭굉은 에너지방출이 물질전달속도에 기인하지 않고 충격파에 의해 전파된다.
③ 폭굉은 화염면에서 온도(상승), 압력(상승), 밀도(증가)가 연속적인 모습을 보인다.
④ 폭굉의 유도거리는 배관의 지름과 관계가 있다.

13
제2류 위험물의 물질과 정의로 옳지 않은 것은?

① 유황은 순도가 30중량퍼센트 이상인 것을 말한다. 이 경우 순도측정에 있어서 불순물은 활석 등 불연성물질과 수분에 한한다.
② 철분이라 함은 철의 분말로서 53마이크로미터의 표준체를 통과하는 것이 50중량퍼센트 미만인 것은 제외한다.
③ 금속분이라 함은 알칼리금속·알칼리토류금속·철 및 마그네슘외의 금속의 분말을 말하고, 구리분·니켈분 및 150마이크로미터의 체를 통과하는 것이 50중량퍼센트 미만인 것은 제외한다.
④ 2밀리미터의 체를 통과하지 아니하는 덩어리 상태의 마그네슘은 제외한다.

14
할로겐화합물 및 불활성기체 소화약제를 평가하는 항목 중 (ㄱ) 지구온난화지수와 (ㄴ) 오존파괴지수의 기준물질은 무엇인가?

① (ㄱ) 이산화탄소, (ㄴ) 삼염화불화탄소
② (ㄱ) 일산화탄소, (ㄴ) 삼염화불화탄소
③ (ㄱ) 삼염화불화탄소, (ㄴ) 이산화탄소
④ (ㄱ) 이산화탄소, (ㄴ) 이산화탄소

15
주수소화가 가능한 위험물을 모두 고른 것은?

ㄱ. 인화성고체	ㄴ. 유황
ㄷ. 황화린	ㄹ. 알코올류
ㅁ. 칼슘	ㅂ. 과산화나트륨

① ㄱ, ㄴ, ㄹ
② ㄴ, ㄷ, ㅁ, ㅂ
③ ㄴ, ㄷ, ㄹ, ㅁ
④ ㄱ, ㄴ, ㄷ, ㄹ, ㅂ

16
화재를 진압하거나 인명구조활동을 위하여 사용하는 설비를 모두 고른 것은?

ㄱ. 옥내소화전	ㄴ. 연결송수관설비
ㄷ. 포소화설비	ㄹ. 연결살수설비
ㅁ. 스프링클러설비	ㅂ. 무선통신보조설비
ㅅ. 투척용 소화용구	ㅇ. 제연설비

① ㄱ, ㄹ, ㅂ, ㅇ
② ㄱ, ㄷ, ㅁ, ㅅ
③ ㄴ, ㄹ, ㅂ, ㅇ
④ ㄱ, ㄷ, ㅁ, ㅇ

17
자동화재탐지설비의 수신기에 대한 설명으로 옳지 않은 것은?

① 경계구역은 자동화재탐지설비 1회선이 유효하게 화재발생을 탐지할 수 있는 구역을 말한다.
② P형 수신기가 화재신호를 수신했을 때는 적색의 화재등과 화재 발생 경계구역을 각각 자동적으로 표시하고 동시에 주·지구음향장치를 자동적으로 울려야 한다.
③ R형 수신기는 감지기나 발신기로부터 발생한 신호를 중계기를 통하여 각 회선마다 공통신호로 수신하는 방식으로 P형에 비하여 많은 선로를 필요로 한다.
④ P형 2급 수신기는 P형 1급의 구조와 거의 같으나 회로수가 아주 적어(5회선 이하) 주로 주택이나 소규모 건물에 사용하는 수신기이다.

18
스프링클러설비와 비교하여 물분무소화설비의 장점으로 옳지 않은 것은?

① 운동에너지가 크므로 파괴주수 효과가 크다.
② 소량의 물을 사용함으로써 물의 사용량 및 방사량을 줄일 수 있다.
③ 전기 절연성이 높아서 고압통전기기의 화재에도 안전하게 사용할 수 있다.
④ 물의 방수과정에서 화재열에 따른 부피증가량이 커서 질식효과를 높일 수 있다.

19
소방조직의 발전과정의 과거부터 현재 순으로 옳은 것은?

> ㄱ. 소방을 소재라고 부르기 시작했다.
> ㄴ. 성문도감과 금화도감을 합쳐 수성금화도감으로 하고 공조에 속하게 했다.
> ㄷ. 스웨덴산 휘발유 펌프를 1대 구입하였다.
> ㄹ. 수도의 개설로 소화전이 설치되었다.
> ㅁ. 자체소방체제로 전환된 후 소방서가 50여개로 증설되었다.

① ㄱ → ㄴ → ㄷ → ㄹ → ㅁ
② ㄱ → ㄴ → ㄹ → ㄷ → ㅁ
③ ㄴ → ㄱ → ㄷ → ㄹ → ㅁ
④ ㄴ → ㄱ → ㄹ → ㄷ → ㅁ

20
응급환자의 분류체계 중 Triage 분류에 관한 설명으로 옳지 않은 것은?

① 긴급환자 - 수 분, 수 시간 이내 응급처치를 요구하는 중증환자
② 응급환자 - 수 시간 이후 응급처치를 요구하는 환자
③ 비응급환자 - 수일 후 치료해도 생명에 지장이 없는 환자
④ 지연환자 - 사망 또는 구명이 불가능한 상태

21
열전달 방식 방법의 예시로 옳게 연결된 것은?

> ㄱ. 복사: 천장이 높은 건물의 경우에는 화재초기에 감지기가 작동하지 않는다.
> ㄴ. 복사: 대규모 산불현장에서 너무 뜨거워 소방관이 멀리 떨어져 소화활동을 하였다.
> ㄷ. 전도: 방바닥이 너무 뜨거워서 발에 화상을 입었다.
> ㄹ. 전도: 가마솥에 밥을 다하고 나서 밥 위에 고구마를 넣었더니 20분 만에 익었다.

① ㄱ
② ㄷ, ㄹ
③ ㄴ, ㄷ, ㄹ
④ ㄱ, ㄴ, ㄷ, ㄹ

22
「재난 및 안전관리 기본법」상 시·군·구 긴급구조통제단장의 현장지휘 사항으로 옳지 않은 것은?

① 재난현장에서 인명의 탐색·구조
② 긴급구조기관 및 긴급구조지원기관의 긴급구조요원·긴급구조지원요원 및 재난관리자원의 배치와 운용
③ 긴급구조에 필요한 재난관리자원의 관리
④ 긴급구조기관 및 의용소방대 등에 대한 임무의 부여

23
「재난 및 안전관리 기본법」상 국무총리는 국가안전관리기본계획을 5년마다 수립하여야 한다. 이 기본계획의 사항으로 옳지 않은 것은?

① 화재안전에 관한 대책
② 교통안전에 관한 대책
③ 재난에 관한 대책
④ 안전취약계층의 안전에 관한 대책

24
존스의 재해분류의 설명으로 옳지 않은 것은?

① 자연재해, 준자연재해, 인위재해로 분류하였다.
② 자연재해를 지구물리학적 재해와 기상학적재해로 분류하였다.
③ 생물학적 재해에는 세균질병, 유독식물 등이 있다.
④ 쓰나미, 화산 등은 지질학적 재해로 분류하고 있다.

25
소방공무원의 신분변화 과정 순서로 옳은 것은?

① 일반직 공무원 → 정무직 공무원 → 특정직 공무원
② 일반직 공무원 → 특수경력직 공무원 → 특정직 공무원
③ 일반직 공무원 → 별정직 공무원 → 특정직 공무원
④ 특정직 공무원 → 별정직 공무원 → 일반직 공무원

제02회 소방학개론 모의고사

01
연소 및 화재이론의 내용으로 옳지 않은 것은?

① 식용유는 일반 유류와 다르게 인화점과 발화점의 차이가 적고, 발화점이 비점(끓는점)보다 낮은 특징을 가지고 있다.
② 열용량, 열전도도, 점성, 비점이 작을수록 가연물이 되기 쉽다.
③ 발화점이 낮아지기 위해서는 습도가 높아야 한다.
④ 가연성 가스의 누설 시 스파크 발생 우려가 있으니 배기팬이나 다른 전기기구의 사용을 금한다.

02
연소가스의 발생조건과 허용농도[TWA]값의 연결이 옳은 것은?

① 시안화수소 - 질소성분을 가진 합성수지, 인조견, 모직물 연소 - 50ppm
② 암모니아 - 석유제품, 유지류 연소 - 0.1ppm
③ 포스겐 - PVC, 수지류 연소 - 10ppm
④ 염화수소 - PVC, 전선의 피복 연소 - 5ppm

03
표면연소(작열연소)에 관한 설명으로 옳은 것을 모두 고른 것은?

ㄱ. 표면연소는 숯, 목탄 등과 같이 휘발분이 거의 포함되지 않은 고체연료에서 주로 발생한다.
ㄴ. 유염(불꽃)연소에 비해 일산화탄소가 발생할 가능성이 크다.
ㄷ. 열경화성 합성수지류에서 발생할 수 있다.
ㄹ. 연료의 표면에서 불꽃을 발생하지 않고 연소하는 것을 말한다.
ㅁ. 유염(불꽃)연소에 비해 시간당 방출열량이 많으며, 화학적 소화가 가능하다.

① ㄴ, ㄷ, ㅁ
② ㄱ, ㄴ, ㄹ
③ ㄱ, ㄴ, ㄷ, ㄹ
④ ㄱ, ㄴ, ㄷ, ㄹ, ㅁ

04
목조건축물의 화재 특성으로 옳지 않은 것은?

① 습도가 낮을수록 연소 확대가 빠르다.
② 화염의 분출면적이 작고 복사열이 커서 접근하기 어렵다.
③ 횡방향보다 종방향의 화재성장이 빠르다.
④ 화재 최성기 이후 비화에 의해 화재확대의 위험성이 높다.

05
「이산화탄소 소화설비의 화재안전기술기준」상 이산화탄소 소화설비를 설치하여서는 아니되는 장소로 옳지 않은 것은?

① 방재실·제어실 등 사람이 상시 근무하는 장소
② 니트로셀룰로오스·셀룰로이드 제품 등 자기연소성 물질을 저장·취급하는 장소
③ 나트륨·칼륨·칼슘 등 활성 금속물질을 저장·취급하는 장소
④ 인화성액체를 사용하는 엔진이 있는 장소

06

가연물의 구비조건으로 옳지 않은 것은?

① 화학반응을 일으킬 때 필요한 최소의 에너지의 값이 적어야 한다.
② 연쇄반응을 일으킬 수 없는 물질이어야 한다.
③ 열의 축적이 용이하도록 열전도의 값이 적어야 한다.
④ 일반적으로 산화되기 쉬운 물질로서 산소와 결합할 때 발열량이 커야 한다.

07

프로판(C_3H_8) 2몰과 산소(O_2) 10몰이 반응할 경우 이산화탄소(CO_2)는 몇 몰이 생성되는가?

① 2
② 4
③ 6
④ 8

08

할로겐화합물 및 불활성기체 소화약제에 대한 설명으로 옳지 않은 것은?

① 할로겐화합물 소화약제는 불소(F), 염소(Cl), 브롬(Br), 요오드(I) 중 하나 이상의 원소를 포함하고 있는 유기화합물을 기본성분으로 하는 소화약제를 말한다.
② 할로겐화합물 소화약제와 불활성기체 소화약제 모두 액화시켜 저장한다.
③ 불활성기체 소화약제는 부촉매효과가 없다.
④ 제3류 위험물 및 제5류 위험물을 사용하는 장소(소화성능이 인정되는 위험물은 제외)에서는 설치할 수 없다.

09

제5류 위험물의 설명으로 옳지 않은 것은?

① 대부분 물보다 가벼운 고체 또는 액체의 가연성 물질이다.
② 유기화합물 중 유기과산화물을 제외하고는 질소를 함유한 유기질소화합물이다.
③ 가열, 마찰, 충격에 의하여 착화하고 폭발하는 것이 많고 또, 장시간 방치하면 자연발화하는 것도 있다.
④ 유기과산화물은 산소가 함유된 자기연소성 물질로 질식소화는 효과가 없다.

10

보일오버에 대한 내용으로 옳지 않은 것은?

① 연소유면으로부터 100[℃] 이상의 열파가 탱크 저부에 고여 있는 물을 비등하게 하면서 연소유를 탱크 밖으로 비산시키며 연소하는 현상이다.
② 물이 고점도 유류 아래에서 비등할 때 탱크 밖으로 물과 기름이 거품과 같은 상태로 넘치는 현상이다.
③ 보일오버가 일어나기 위해서는 다성분이어야 한다.
④ 탱크의 드레인 밸브를 개방하여 탱크 고인물을 제거하면 보일오버를 방지할 수 있다.

11

훈소의 내용으로 옳은 것을 모두 고른 것은?

> ㄱ. 불완전연소 형태로 가연물의 10%가 일산화탄소로 변하는 현상이다.
> ㄴ. 연료(고체) 표면에서 발생하는 속도가 빠른 연소과정으로 작열과 탄화현상이 일어나며, 연기입자가 크고 액체 미립자가 다량 포함되어 있다.
> ㄷ. 공기유입이 충족될 경우 불꽃연소로 전이가 가능하다.
> ㄹ. 연기가 부력으로 인해 상승하다 냉각되어 더 이상 상승하지 못해 층을 만드는 현상을 보인다.

① ㄱ, ㄴ, ㄷ
② ㄱ, ㄷ, ㄹ
③ ㄴ, ㄷ, ㄹ
④ ㄱ, ㄴ, ㄷ, ㄹ

12
옥외소화전설비의 설명으로 옳지 않은 것은?

① 방수압력은 0.25MPa 이상 0.7MPa 이하인 소화설비이다.
② 옥외소화전설비에는 옥외소화전마다 5m 이내의 장소에 소화전 함을 기준에 따라 설치하여야 한다.
③ 옥외소화전이 31개 이상인 경우 옥외소화전 5개마다 1개 이상의 소화전 함을 설치한다.
④ 옥외소화전이 3개가 설치되어 있는 경우 수원의 양은 14[㎥]이다.

13
피난구조설비의 종류 및 내용으로 옳지 않은 것은?

① 구조대란 포지 등을 사용하여 자루형태로 만든 것으로서 화재 시 사용자가 그 내부에 들어가서 내려옴으로써 대피할 수 있는 것을 말한다.
② 인공소생기란 호흡 부전 상태인 사람에게 인공호흡을 시켜 환자를 보호하거나 구급하는 기구를 말한다.
③ 거실통로유도등이란 거주, 집무, 작업, 집회, 오락 그 밖에 이와 유사한 목적을 위하여 계속적으로 사용하는 거실, 주차장 등 개방된 통로에 설치하는 유도등으로 피난의 방향을 명시하는 것을 말한다.
④ 자동확산소화기란 화재를 감지하여 자동으로 소화약제를 방출 확산시켜 국소적으로 소화하는 소화기이다.

14
포소화설비 중 고발포의 제2종 기계포 팽창비로 옳은 것은?

① 팽창비 20배 이상 80배 미만
② 팽창비 80배 이상 250배 미만
③ 팽창비 250배 이상 500배 미만
④ 팽창비 500배 이상 1,000배 미만

15
연면적이 1,000[㎡] 이상인 건축물(주요구조부가 내화구조 또는 불연재료가 아닌 건축물을 말한다)에 설치하는 방화벽이 갖추어야 할 기준으로 옳지 않은 것은?

① 내화구조로서 설 수 있는 구조일 것
② 방화벽의 양쪽 끝과 위쪽 끝을 건축물의 외벽면 및 지붕면으로부터 0.5미터 이상 튀어 나오게 할 것
③ 방화벽에 설치하는 출입문의 너비 및 높이는 각각 2.5미터 이하로 할 것
④ 해당 출입문에는 60+방화문 또는 30분 방화문을 설치할 것

16
건물 내부의 압력이 외부의 압력과 일치하는 수직적인 위치가 생기는데 이 위치를 건물의 중성대라 한다. 중성대에 관한 설명으로 옳지 않은 것은?

① 중성대 위쪽에는 연기가 외부로 분출되고 아래쪽은 외부로부터 신선한 공기가 유입된다.
② 중성대의 위쪽은 실내 정압이 실외보다 높아 실내에서 기체가 외부로 유출되고 중성대 아래쪽에는 실외에서 기체가 유입되며, 중성대의 상부는 열과 연기로, 그리고 중성대의 하층부는 신선한 공기가 존재하게 된다.
③ 건물의 상부에 큰 개구부가 있다면 중성대는 내려가고 건물의 하부에 큰 개구부가 있다면 중성대는 올라간다.
④ 건물화재가 발생하면 연소열에 의한 온도가 상승함으로서 부력에 의해 실의 천정 쪽으로 고온기체가 축적되고 온도가 높아져 기체가 팽창하여 실내와 실외의 압력이 달라지는데 실의 상부는 실외보다 압력이 높고 하부는 압력이 낮다.

17
화재플럼에 관한 설명으로 옳지 않은 것은?

① 열원으로부터 점차 멀어질수록 주변으로 넓게 퍼져가는 모습을 나타낸다.
② 내부에 형성되는 기류는 중앙부의 부력이 가장 강하다.
③ 측면에서는 층류에 의한 부분적인 와류를 생성한다.
④ 고온의 연소생성물은 부력에 의해 위로 상승한다.

18
공기나 질소와 같이 불연성 가스를 용기 내부에 압입시켜 내부 압력을 유지함으로서 외부의 폭발성 가스가 용기 내부에 침입하지 못하게 하는 구조는 무엇인가?

① 본질안전방폭구조
② 내압방폭구조
③ 압력방폭구조
④ 유입방폭구조

19
유량을 토출하여 펌프를 시험할 때 성능시험 배관의 밸브를 막고 연속으로 운전할 경우 이때 자동적으로 개방되는 것은 어느 부위인가?

① 풋 밸브
② 시험 밸브
③ 유량조절 밸브
④ 릴리프 밸브

20
탄화수소계의 특징으로 옳은 것을 모두 고른 것은?

> ㄱ. 탄소수가 많아질수록 연소범위의 상한계가 낮아진다.
> ㄴ. 탄소수가 많아질수록 연소범위의 하한계가 낮아진다.
> ㄷ. 탄소수가 많아질수록 위험도는 커진다.
> ㄹ. 탄소수가 많아질수록 인화점은 높아진다.
> ㅁ. 탄소수가 많아질수록 발화점, 비점은 낮아진다.

① ㄴ, ㄷ
② ㄴ, ㄷ, ㄹ
③ ㄱ, ㄴ, ㄷ, ㄹ
④ ㄱ, ㄴ, ㄷ, ㄹ, ㅁ

21
소방청장, 소방본부장 또는 소방서장은 위급상황에서 요구조자의 생명 등을 신속하고 안전하게 구조하는 업무를 수행하기 위하여 대통령령으로 정하는 바에 따라 119구조대를 편성하여 운영하여야 하는데 그 중 특수구조대에 속하지 않는 것은?

① 화학구조대
② 항공구조대
③ 수난구조대
④ 고속국도구조대

22
오늘날의 소방청이 있기까지 발전과정에 대한 순서로 옳은 것은?

> ㄱ. 민방위재난통제본부 소방국
> ㄴ. 중앙소방위원회의 집행기구로 소방청 설치
> ㄷ. 소방방재청 신설
> ㄹ. 경찰기구에 흡수(중앙: 내무부 치안국 소방과, 지방: 경찰국 소방과 소방서)
> ㅁ. 민방위본부 소방국
> ㅂ. 국민안전처 소속 중앙소방본부
> ㅅ. 행정안전부 산하의 소방청

① ㄴ → ㅁ → ㄱ → ㄹ → ㄷ → ㅂ → ㅅ
② ㄴ → ㄹ → ㅁ → ㄱ → ㄷ → ㅂ → ㅅ
③ ㄱ → ㄴ → ㅁ → ㄹ → ㄷ → ㅂ → ㅅ
④ ㄱ → ㄷ → ㅂ → ㄹ → ㄴ → ㅁ → ㅅ

23
의용소방대의 업무로 옳지 않은 것은?

① 구조·구급 업무의 보조
② 화재의 경계와 진압업무
③ 화재예방업무의 보조
④ 화재 등 재난 발생 시 대피 및 구호업무의 보조

24

「재난 및 안전관리 기본법」상 재난 및 사고 유형별로 재난관리 주관기관과의 연결이 옳은 것은?

① 보건복지부 – 가축질병
② 고용노동부 – 사업장에서 발생한 대규모 인적 사고
③ 외교부 – 법무시설에서 발생한 사고
④ 환경부 – 저수지 사고

25

「재난 및 안전관리 기본법」상 국가재난안전관리체계에서 (ㄱ) 안전정책조정위원회의 위원장과 (ㄴ) 간사위원으로 바르게 짝 지어진 것은?

① (ㄱ) 행정안전부장관,
   (ㄴ) 재난안전관리사무를 담당하는 본부장
② (ㄱ) 행정안전부장관, (ㄴ) 재난관리주관기관의 장
③ (ㄱ) 국무총리, (ㄴ) 행정안전부장관
④ (ㄱ) 국무총리, (ㄴ) 재난안전관리사무를 담당하는 본부장

제03회 소방학개론 모의고사

01
굴뚝효과(Stack Effect)에 관한 설명으로 옳지 않은 것은?

① 건물내·외부의 온도차에 따른 공기의 흐름 현상이다.
② 굴뚝효과는 고층건물보다 저층건물일수록, 겨울철보다 여름철에, 밤보다 낮에 더 잘 발생한다.
③ 평상시 건물 내의 기류분포를 지배하는 중요요소이며 화재 시 연기의 이동에 큰 영향을 미친다.
④ 건물외부의 온도가 내부의 온도보다 높은 경우 저층부에서는 내부에서 외부로 공기의 흐름(굴뚝효과와 반대 흐름)이 생긴다.

02
물질의 변화에 관한 내용으로 옳지 않은 것은?

① 액체에서 기체로 상태가 변할 때 에너지를 필요로하며, 이때의 반응은 발열반응을 나타낸다.
② 물질이 변환될 때에 에너지를 발산하는 것을 발열반응, 에너지를 흡수하는 것을 흡열반응이라고 한다.
③ 흡열반응하는 경우 반응 전 물질의 에너지 값이 반응 후 물질의 에너지값보다 작다.
④ 수소와 산소가 결합하여 물을 형성할 때 발생하는 변화는 화학적 변화이다.

03
과열액체 증기폭발(BLEVE: Boiling Liquid Expanding Vapor Explosion)에 관한 내용으로 옳은 것은?

① 탱크 하부 냉각을 최우선으로 하고 탱크 주변 화재진화를 병행한다.
② 블레비란 가연성 액화가스 고압용기가 외부 화재에 영향을 받아 내부 증기압이 감소하여 탱크가 파열되는 상황이다.
③ 블레비로 인해 탱크 압력이 폭발적으로 방출되고, 가연성가스의 점화로 인해 복사열을 띤 불덩어리(fire ball)이 생성된다.
④ 탱크 파열시 액체의 기화량은 블레비의 규모를 결정하는 데 영향이 없다.

04
소화약제 성분과 소화기 분류에 관한 설명으로 옳지 않은 것은?

① 산·알칼리 소화약제를 소화기로 사용하는 경우 알칼리와 산의 물질이 혼합하면서 발생하는 이산화탄소가스의 압력으로 방사된다.
② 분말소화약제로 중탄산칼륨($KHCO_3$)을 사용하면 중탄산나트륨($NaHCO_3$)보다 약 2배의 소화능력이 있다.
③ 이산화탄소 소화기구(자동확산소화기를 제외한다)는 지하층이나 무창층 또는 밀폐된 거실의 장소에서 사용시 일반화재에 효과적이다.
④ 할론 소화약제의 네 자리수 번호는 각각 분자 중의 탄소, 플로오르, 염소, 브롬의 원자수를 나타낸다.

05
건축물 내의 연기유동에 관한 설명으로 옳지 않은 것은?

① 건물 내부의 압력이 외부의 압력과 일치하는 수직적인 위치를 나타내는 중성대에서는 연기의 흐름이 가장 빠르다.
② 고층 건축물에서 연기유동을 일으키는 주요한 요인으로는 온도에 의한 기체 팽창, 외부 풍압의 영향 등이 있다.
③ 연기층 두께의 증가속도는 연소속도에 좌우되며 연기 유동속도는 수평방향일 경우 0.5~1m/s, 계단의 수직방향일 경우 3~5m/s이다.
④ 연기는 부력에 의해 수직 상승하면서 확산되며 천장에서 꺾인 후 천장면을 따라 흐르다 벽과 같은 수직 장애물을 만날 경우 흐름이 정지되어 연기층을 형성한다.

06
포소화약제의 적응성이 없는 것을 모두 고른 것은?

> ㄱ. 가솔린 화재　　ㄴ. 알킬리튬 화재
> ㄷ. 칼륨 화재　　　ㄹ. 인화알루미늄 화재

① ㄱ
② ㄱ, ㄹ
③ ㄴ, ㄷ, ㄹ
④ ㄱ, ㄴ, ㄷ, ㄹ

07
분진의 폭발성에 영향을 미치는 인자로 옳지 않은 것은?

① 분진의 발열량이 클수록 폭발성이 크며 불연성 휘발성분의 함유량이 많을수록 폭발하기 쉽다.
② 분진의 크기가 200mesh(76㎛) 이하로 미분상태여야 한다.
③ 평균 입자직경이 작고 밀도가 작을수록 폭발성이 높아진다.
④ 입자표면이 공기(산소)에 대하여 활성이 있는 경우 폭로 시간이 길어질수록 폭발성이 낮아진다.

08
제3류 위험물의 성질에 관한 설명으로 옳지 않은 것은?

① 인화칼슘은 물과 반응하여 포스핀(PH_3)이 발생한다.
② 알킬알루미늄, 알킬리튬, 유기금속화합물은 유기화합물이다.
③ 황린은 물과 반응하지 않으며 물에 잘 녹는다.
④ 칼륨이 뜨거운 물이나 수증기와 접촉할 경우 매우 격렬한 반응이 발생하고, 순간적으로 폭발할 수 있다.

09
니트로셀룰로오스의 자연발화 시 주된 원인으로 옳은 것은?

① 산화열
② 흡착열
③ 발효열
④ 분해열

10
연소이론에 관한 설명으로 옳지 않은 것은?

① 산화반응과 환원반응은 동시에 일어나며, 모든 산화·환원반응은 연소이다.
② 연소는 산화 반응과 발열 반응하는 화학적 현상이라고 할 수 있다.
③ 환원제란 환원성 물질로 다른 물질을 환원시키며 자신은 산화되는 물질이다.
④ 연소는 3요소로도 가능하나, 불꽃이 연속적으로 지속되기 위해서는 연쇄반응(4요소)까지 갖춰줘야 한다.

11
「화재조사 및 보고규정」상 건물 동수 산정 시 하나의 동으로 보지 않는 경우는?

① 내화조 건물 외벽에 목조 건물이 설치 되어있고 주된 건물에 부착된 건물이 옥내로 출입구가 연결되어있는 경우
② 건물의 외벽을 이용하여 목욕탕, 사무실의 용도로 사용하는 경우
③ 목조의 경우 격벽으로 방화구획 되어있는 경우
④ 내화조 건물 옥상에 목조 또는 방화구조 건물이 별도 설치되어 있는 경우

12
가연물에 따른 연소의 형태에 대한 설명으로 옳지 않은 것은?

① 분해연소란 고체 가연물질을 가열하여 열분해를 일으켜 나온 분해가스 등이 연소하는 형태로 유황, 나프탈렌, 파라핀(양초), 요오드, 왁스 등이 있다.
② 액체 가연물질의 연소는 액체 자체가 연소하는 것이 아니라 증발 또는 분해의 변화 과정을 거쳐 발생된 기체가 연소하는 것이다.
③ 액면연소란 등유나 경유의 연소 방법 하나로, 액체연료 표면이 가열되어 증발이 일어나며, 발생된 연료 증기가 공기와 접촉하여 액체표면에서 연소하는 것이다.
④ 연료노즐에서 흐름이 층류인 경우, 확산연소에서 화염의 높이는 분출 속도에 비례한다.

13
표준상태에서 메탄(CH_4)가스의 밀도는 몇인가? (C와 H의 원자량은 각 12, 1이며, 최종값은 셋째 자리 수에서 반올림한다)

① 0.21
② 0.55
③ 0.71
④ 0.91

14
연소현상의 정의로 옳지 않은 것은?

① 선화 상태에서 연료가스의 분출속도가 더욱 증가하거나 주위 공기의 유동이 심하면 화염이 노즐에 정착하지 못하고 떨어져 화염이 꺼지는 블로우 오프(Blow-off) 현상이 발생한다.
② 비정상연소는 연소가 일어나는 동안 열의 발생속도와 연소확산속도가 서로 균형을 이루지 못하여 화염의 모양과 상태 등이 변하는 경우를 말하며 화재 및 폭발의 위험성이 감소한다.
③ 탄화수소계의 경우 공기 중의 산소공급이 충분하면 완전연소반응이 일어나고 산소의 공급이 불충분하면 불완전연소 반응이 일어나며, 주로 완전연소 시에는 이산화탄소를 불완전연소 시에는 일산화탄소가 발생한다.
④ 내부연소란 가연성이면서 물질자체에 산소를 함유하고 있어 외부의 산소공급 없이 연소하는 것을 말한다.

15
공동현상(Cavitation)의 발생원인을 모두 고른 것은? (단, 펌프의 설치위치가 수원보다 높은 경우이다)

> ㄱ. 펌프와 수원의 높이 차가 클 경우
> ㄴ. 펌프의 흡입압력이 유체의 증기압보다 낮은 경우
> ㄷ. 펌프의 흡입관경이 너무 작을 경우
> ㄹ. 펌프의 마찰손실이 작을 경우

① ㄱ, ㄷ
② ㄱ, ㄴ, ㄷ
③ ㄴ, ㄷ, ㄹ
④ ㄱ, ㄴ, ㄷ, ㄹ

16
제1류 위험물(산화성 고체)의 특징으로 옳지 않은 것은?

① 환원력이 강하기 때문에 다른 물질의 다른 물질을 연소시키는 산화제로 쓰인다.
② 조해성이 있는 것이 있으며, 수용액 상태에서도 산화성이 있다.
③ 아염소산염류, 과염소산염류는 지정수량 50kg에 해당하는 위험 1등급 물질이다.
④ 위험 상황의 대책방법으로 예외적인 물질을 제외하고 위험물의 분해를 억제하는 것을 중점으로 방수한다.

17
우리나라 소방 역사에 대한 설명으로 옳지 않은 것은?

① 1426년 금화도감이 설치 병조아래 설치되었으며, 상비 소방제도로서의 관서로 우리나라 최초의 소방기구이다.
② 조선시대 1417년 금화법령이 공포되었으며, 1426년 병조에 금화도감을 설치하였고, 통금시간 이후에도 불을 끄러가는 사람을 증명하기 위해 구화패를 발급하였다.
③ 조선시대에 5가구를 하나로 묶어 통으로 하고 각 가구마다 우물을 파고 물통을 준비하게 하는 오가작통법이 시행되었다.
④ 1894년 경무청 세칙에 수화 소방은 난파선 및 출화, 홍수 등 구호에 관한 사항으로 소방이라는 용어가 처음으로 사용되었다.

18
자동화재탐지설비에서 열감지기의 종류로 옳지 않은 것은?

① 열기전력을 이용한 것
② 이온전류가 변화하여 작동하는 것
③ 공기팽창을 이용한 것
④ 넓은 범위 내에서의 열 효과 누적에 의하여 작동되는 것

19
하인리히 재해 발생 5단계 중 3단계에 해당하는 것은?

① 관리의 부재
② 사회적 환경 및 유전적 요소
③ 사고
④ 불안전한 행동 또는 불안전한 상태

20
「재난 및 안전관리 기본법」상 사회재난에 해당하는 것을 모두 고른 것은?

ㄱ. 태풍	ㄴ. 국가핵심기반의 마비
ㄷ. 붕괴	ㄹ. 화산활동
ㅁ. 해상사고	ㅂ. 폭발
ㅅ. 화생방사고	ㅇ. 한파

① ㄱ, ㄴ, ㄷ, ㅁ, ㅂ
② ㄴ, ㄷ, ㅁ, ㅂ, ㅅ
③ ㄴ, ㄷ, ㅁ, ㅅ, ㅇ
④ ㄴ, ㄹ, ㅁ, ㅂ, ㅅ

21
「재난 및 안전관리기본법」상 효율적인 재난관리를 위해 실시하는 예방, 대비, 대응 및 복구 활동에 관한 내용으로 옳지 않은 것은?

① 긴급구조에 관한 사항의 총괄·조정, 긴급구조기관 및 긴급구조지원기관이 하는 긴급구조활동의 역할 분담과 지휘·통제를 위하여 행정안전부 소속으로 중앙긴급구조통제단을 둔다.
② 안전점검의 날은 매월 4일로 하고, 방재의 날은 매년 5월 25일로 한다.
③ 행정안전부장관은 매년 재난대비훈련 기본계획을 수립하고 재난관리책임기관의 장에게 통보하여야 한다.
④ 시·군·구청장은 긴급수송 및 구조수단의 확보 등의 응급조치를 한다.

22
약제를 방출하는 배관을 토너먼트 방식으로 적용할 수 있는 것을 모두 고른 것은?

ㄱ. 습식 스프링클러설비
ㄴ. 분말 소화설비
ㄷ. 준비작동식 스프링클러설비
ㄹ. 이산화탄소 소화설비
ㅁ. 할로겐화합물 및 불활성기체 소화설비
ㅂ. 압축공기포 소화설비

① ㄱ, ㄷ
② ㄹ, ㅁ, ㅂ
③ ㄴ, ㄹ, ㅁ, ㅂ
④ ㄴ, ㄷ, ㄹ, ㅁ

23
발화점과 인화점에 관한 설명으로 옳지 않은 것은?

① 인화점은 가연성 액체의 위험성 기준을 정하는 척도로 사용한다.
② 고체 가연물의 발화점은 가열된 공기의 유량, 가열속도에 따라 달라질 수 있다.
③ 인화점이란 물적 조건과 에너지 조건이 만나는 최솟값을 말한다.
④ 발화점은 발열량과 활성화에너지값이 클 때 낮아진다.

24
구획실 화재의 현상에 대한 내용으로 옳지 않은 것은?

① 연기 생성속도가 연기 배출속도를 초과하지 않으면 천장 연기층은 더 이상 하강하지 않는다.
② 천장의 연기층은 화재의 초기단계보다 성장단계에서 빠르게 축적된다.
③ 화재가 성장하면서 연기층은 축적되지만 연기와 가스의 온도는 더 이상 상승하지 않는다.
④ 연기와 공기흐름은 주로 온도상승에 의한 부력 때문이다.

25
식용유(K급) 화재에 관한 설명으로 옳지 않은 것은?

① 비누화현상을 일으키는 $NaHCO_3$ 성분의 소화약제가 적응성이 있다.
② 인화점과 발화점의 차이가 작고, 발화점이 비점보다 낮다.
③ K급 화재용 소화기의 소화능력시험은 소화기의 B급 화재 소화능력시험에 따른다.
④ K급 화재는 표면을 순간적으로 질식시켜 화염을 차단하더라도 만약 식용유 자체의 온도를 하강시키지 못하면 재발화가 일어날 수 있다.

01
전기화재의 원인으로 옳지 않은 것은?

① 전선의 불필요한 접촉 등으로 인해 전류가 본래 흐르려는 경로 밖으로 흐르기 때문에
② 부도체의 마찰에 의해 전하가 축적되어 방전되기 때문에
③ 방열이 잘 되지 않는 장소에서의 열 축적 때문에
④ 배선기구의 절연체 등의 절연성이 증가되기 때문에

02
연소이론의 내용으로 옳은 것은?

① 불연성 가스 등을 가연성 혼합기에 첨가하면 산소농도가 감소하므로 연료농도에 관계없이 연소 및 폭발을 방지할 수 있다.
② 최소산소농도(MOC: Minimum Oxygen Concentration)는 연소범위 중 연소상한계와 관련 있다.
③ 한계산소지수(LOI: Limited Oxygen Index)는 가연물을 수직으로 하여 가장 윗부분에 착화하며 연소를 계속 유지시킬 수 있는 산소의 최대 체적농도[%]를 말한다.
④ 산소밸런스(OB: Oxygen Balance)는 100에 가까울수록 폭발력이 크다.

03
가스의 선화(Lifting)에 관한 원인으로 옳지 않은 것은?

① 버너의 염공이 크게 된 경우
② 가스 공급압력이 높은 경우
③ 연소가스의 배출 불충분으로 2차 공기 중의 산소가 부족한 경우
④ 공기조절기를 지나치게 열었을 경우

04
「화재조사 및 보고규정」상 화재건수 결정에 대한 설명으로 옳지 않은 것은?

① 동일범이 아닌 각기 다른 사람에 의한 방화는 동일 대상물에서 발화했더라도 각각 별건의 화재로 한다.
② 동일 소방대상물에서 누전점이 동일한 누전에 의한 발화점이 2개소 이상인 화재는 2건의 화재로 한다.
③ 동일 소방대상물에서 지진에 의한 다발화재로 발화점이 2개소 있는 화재는 1건의 화재로 한다.
④ 화재범위가 2개소 이상의 관할구역에 걸친 화재에 대해서는 발화 소방대상물의 소재지를 관할하는 소방서에서 1건의 화재로 한다.

05
화재 진행단계 중 "발화기"에 대한 설명으로 옳지 않은 것은?

① 화재의 규모가 작고, 일반적으로 처음 발화된 가연물에 한정된다.
② 개방된 지역이든 구획실이든 모든 화재는 발화의 한 형태로 발생한다.
③ 높은 산소분압에서 화재가 발생한 경우에는 훈소가 발생할 수 있다.
④ 건물 내의 가구 등이 독립 연소하고 있으며, 다른 동(棟)으로의 연소 위험은 없다.

06
플래시오버(Flash Over)의 징후와 특징으로 옳지 않은 것은?

① 실내 모든 가연물의 동시발화 현상
② 실내의 바닥에서 천장까지 고온 상태
③ 일정 공간 내에서의 전면적인 훈소현상
④ 롤오버(Roll Over)현상이 관찰됨

07
연소속도에 관한 설명으로 옳지 않은 것은?

① 연소생성물 중에서 불활성 물질인 질소, 수증기, 이산화탄소 등의 농도가 높아지면 가연물질에 산소가 공급되는 것을 방해 또는 억제함으로서 연소속도는 느려진다.
② 활성화 에너지값이 클수록 연소속도가 빠르다.
③ 산소의 농도는 연소속도에 영향을 미친다.
④ 가연성 혼합기체의 화학양론조성비(Cst)보다 연료가 약간 많은 경우 연소속도가 최고가 된다.

08
최소발화에너지(MIE: Minimum Ignition Energy)에 관한 설명으로 옳지 않은 것은?

① 가연성가스 및 공기와의 혼합가스에 착화원으로 점화 시에 발화하기 위하여 필요한 최저에너지를 말한다.
② 최소발화에너지(MIE)는 매우 적으므로 Joule의 1/1,000인 [mJ]의 단위를 사용한다.
③ 최소발화에너지는 물질의 종류, 혼합기의 온도, 압력, 농도(혼합비) 등에 따라 변화하지만 가연성 가스의 조성은 관련 없다.
④ 가스폭발은 분진폭발보다 최소발화에너지가 작다.

09
부촉매 소화방법에 대한 내용으로 옳지 않은 것은?

① 강화액소화약제, 할론소화약제, 분말소화약제, 할로겐화합물 및 불활성기체 소화약제는 부촉매소화가 효과적이다.
② 억제소화 또는 화학적 소화법이라 부르기도 한다.
③ 활성화에너지를 증가시켜 소화하는 방법이다.
④ 연속적인 연쇄반응을 방지하기 위해서는 가연물질에 공급하는 점화원의 값을 활성화에너지의 값 이상이 되게 하여 가연물질로부터 활성화된 수산기·수소기가 발생하지 않도록 해야 한다.

10
산소공급원이 될 수 있는 위험물을 모두 고른 것은?

ㄱ. 과산화나트륨	ㄴ. 과망간산염류
ㄷ. 황린	ㄹ. 질산
ㅁ. 질산에스테르류	ㅂ. 금속의 수소화물

① ㄱ, ㄴ, ㄹ, ㅁ
② ㄱ, ㄷ, ㄹ, ㅂ
③ ㄴ, ㄹ, ㅁ
④ ㄴ, ㄷ, ㄹ

11
소방시설별로 구성품이 옳지 않은 것은?

① 옥내소화전설비 - 가압송수장치, 방수구, 소화전함, 수원
② 이산화탄소 소화설비 - 방출스위치, 기동용기, 사이렌, 압력스위치, 헤드
③ 자동화재탐지설비 - 중계기, 발신기, 음향장치, 수신기, 감지기
④ 비상방송설비 - 확성기, 증폭기, 조작부, 음량조절기, 분배기

12
위험물의 저장방법으로 옳지 않은 것은?

① 아세틸렌 - 다공성 물질(석면, 규조토)에 디메틸프로마미드, 아세톤을 흡수시키고 여기에 아세틸렌을 다시 용해시켜 저장
② 이황화탄소 - 수조 물탱크에 저장
③ 알킬알루미늄 - 물이나 알코올로 습면
④ 산화프로필렌 - 용기에 넣고 불연성 가스를 봉입하여 저장 (은, 수은, 구리, 마그네슘 접촉금지)

13

20℃, 1기압에서 공기 중 산소의 농도가 21[%]일 때, 부탄 (C_4H_{10}) 58[g]이 완전연소하기 위해 필요한 이론 산소량[g]은 얼마인가? (단, C 원자량: 12, H 원자량: 1, O 원자량: 16이다)

① 159
② 208
③ 246
④ 301

14

화재하중 산정에 영향을 미치는 요소가 아닌 것은?

① 가연물의 중량
② 가연물의 단위중량당 발열량
③ 화재실의 공기 공급량
④ 화재실의 바닥면적

15

폭발에 대한 설명으로 옳지 않은 것은?

① 가스폭발, 분무폭발, 증기폭발은 산화폭발의 종류이다.
② 분진폭발은 기상폭발의 한 종류이다.
③ 전선이 고상에서 급격히 액상을 거쳐 기상으로 전이할 때 발생되는 폭발은 전선폭발이다.
④ 수증기 폭발이란 고온의 용융금속이 물속에서 급속냉각될 때 발생하는 폭발하는 것으로 고온의 용융염의 투입속도가 빠를수록 물이 있는 용기의 단면적이 작을수록 잘 일어난다.

16

분말 소화약제에 대한 설명으로 옳은 것은?

① 제4종 분말소화약제는 소화력이 큰 탄산수소칼륨에 요소를 결합시킨 것으로 입자는 보통 크기이지만 이것이 화염과 만나면 산탄처럼 미세한 입자로 분해되어 큰 소화효과를 갖는다.
② 제1종 분말소화약제는 수성막포와 Twin Agent System이 가능하다.
③ 제3종 분말소화약제는 백색으로 착색되어 있고, 다른 분말 소화약제와는 달리 비누화 반응을 일으킨다.
④ 다른 소화약제에 비해 변질이 적지만, 오존층파괴의 원인이 될 수 있다.

17

포 소화약제의 혼합장치에 대한 설명 중 옳은 것은?

① 라인 프로포셔너방식이란 펌프의 토출관과 흡입관 사이의 배관 도중에 설치한 흡입기에 펌프에서 토출된 물의 일부를 보내고, 농도 조절밸브에서 조정된 포 소화약제의 필요량을 포 소화약제 탱크에서 펌프 흡입측으로 보내어 이를 혼합하는 방식을 말한다.
② 프레져사이드 프로포셔너방식이란 펌프의 토출관에 압입기를 설치하여 포 소화약제 압입용 펌프로 포 소화약제를 압입시켜 혼합하는 방식을 말한다.
③ 프레져 프로포셔너방식이란 펌프와 발포기 중간에 설치된 벤추리관의 벤추리작용에 따라 포 소화약제를 흡입·혼합하는 방식을 말한다.
④ 펌프 프로포셔너방식이란 펌프와 발포기의 중간에 설치된 벤추리관의 벤추리작용과 펌프 가압수의 포 소화약제 저장탱크에 대한 압력에 따라 포 소화약제를 흡입·혼합하는 방식을 말한다.

18

탱크에 압력이 10[MPa]이고 온도가 30[℃]인 가스가 들어 있을 때 화재로 인하여 333[℃]까지 가열되었다면 압력은 처음보다 약 몇 배가 되는가?

① 2
② 8
③ 14
④ 20

19
분진폭발을 일으키지 않는 것만으로 짝지어진 것은?

① 시멘트, 마그네슘
② 소석회, 산화알루미늄
③ 석회석, 알루미늄
④ 탄산칼슘, 밀가루, 석탄분말

20
구급요청을 거절할 수 있는 사항으로 옳지 않은 것은?

① 단순 치통환자
② 병원 간 이송
③ 만성질환자로서 검진 목적의 이송 요청자
④ 혈압 등 생체징후가 안정되지 않은 타박상 환자

21
소방공무원 임용에 대한 설명으로 옳지 않은 것은?

① 소방령 이상 소방준감 이하의 소방공무원에 대한 전보, 휴직, 직위해제, 강등, 정직 및 복직은 소방청장이 한다.
② 소방청장은 소방정인 지방소방학교장에 대한 휴직, 직위해제, 정직 및 복직에 관한 권한을 시·도지사에게 위임할 수 있다.
③ 소방경 이하의 소방공무원은 소방청장이 임용한다.
④ 소방청장은 중앙소방학교 소속의 소방령 이하의 소방공무원에 대한 임용권을 중앙소방학교장에게 위임할 수 있다.

22
소방서 및 119안전센터의 설치기준에 대한 설명으로 가장 옳지 않은 것은?

① 소방서의 관할구역에 설치된 119안전센터의 수가 5개를 초과하는 경우에는 소방서를 추가로 설치할 수 있다.
② 소방서는 시·도 단위로 설치한다.
③ 소방수요가 급증하여 특별한 소방대책이 필요한 경우에는 해당 지역마다 소방서를 설치할 수 있다.
④ 석유화학단지·공업단지·주택단지 또는 문화관광단지의 개발 등으로 대형 화재의 위험이 있거나 소방 수요가 급증하여 특별한 소방대책이 필요한 경우에는 해당지역마다 119안전센터를 설치할 수 있다.

23
「재난 및 안전관리 기본법」상 각 단계별 재난관리 내용으로 연결이 옳지 않은 것은?

① 예방 – 국가핵심기반의 지정, 재난 예방을 위한 긴급점검, 정부합동 안전점검
② 대비 – 재난대비훈련 기본계획 수립, 재난 예방을 위한 안전조치, 국가재난관리기준의 제정·운용
③ 대응 – 재난사태 선포, 긴급구조현장지휘
④ 복구 – 재난피해 및 신고 및 조사, 손실보상

24
자연재난과 인적재난의 특징으로 옳지 않은 것은?

① 자연재난은 근본적으로 예방하기 힘들다.
② 자연재난은 장시간에 걸쳐 완만하게 진행되며, 인적재난은 단기간에 걸쳐 급격하게 완결된다.
③ 자연재난은 인적재난에 비해 국소지역에서 집중적으로 발생한다.
④ 인적재난은 자연재난에 비해 재난 통제의 가능성이 상대적으로 높다.

25

「재난 및 안전관리 기본법」상 재난이 발생하거나 발생할 우려가 있는 경우 응급조치를 취할 수 있다. 다음 중, 지역통제단장이 취해야 하는 응급조치로 옳지 않은 것은?

① 현장지휘통신체계의 확보
② 피해시설의 응급복구
③ 긴급수송 및 구조 수단의 확보
④ 진화의 응급조치

제 05회 소방학개론 모의고사

01
−15[℃] 얼음 10[g]을 115[℃] 수증기로 만드는 데 필요한 열량[kcal]은? (단, 얼음의 비열은 0.5[cal/g·℃], 물의 비열은 1[cal/g·℃], 수증기의 비열은 0.6[cal/g·℃]으로 한다)

① 0.7355
② 7.355
③ 735.5
④ 7,355

02
열전달의 형태에 관한 설명으로 옳은 것을 모두 고른 것은?

> ㄱ. 전도는 고체에서 매질을 통한 열전달 방법으로 온도 상승에 따라 물질 내 분자운동이 활발해져 분자의 이동이 많아짐에 따라 에너지가 전달되는 것을 말한다.
> ㄴ. 대류는 유체의 밀도차에 의한 분자들의 흐름을 통한 열전달 방법이다.
> ㄷ. 복사열은 매질 없이 열에너지가 전자파형태로 전달되는 것으로 일직선으로 이동한다.
> ㄹ. 완전 진공상태에서는 전도, 대류, 복사의 방법으로 열전달이 되지 않는다.
> ㅁ. 고체보다 기체일 경우 열전도율이 더 크다.

① ㄴ, ㄷ
② ㄱ, ㄴ, ㄷ
③ ㄱ, ㄴ, ㄷ, ㅁ
④ ㄱ, ㄴ, ㄷ, ㄹ, ㅁ

03
발화점이 달라지는 요인을 모두 고른 것은?

> ㄱ. 가연성가스와 공기의 조성비
> ㄴ. 발화를 일으키는 공간의 형태와 크기
> ㄷ. 가열속도와 가열시간
> ㄹ. 발화원의 종류와 가열방식

① ㄱ, ㄹ
② ㄱ, ㄴ, ㄷ
③ ㄴ, ㄷ, ㄹ
④ ㄱ, ㄴ, ㄷ, ㄹ

04
화재온도곡선에 따른 화재성상 중 (ㄴ)단계에서 나타나는 현상으로 옳지 않은 것은?

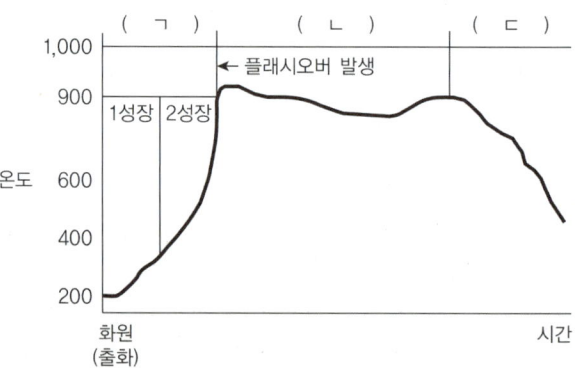

① 다량의 흑색연기의 분출량이 점차 많아지고 연기농도가 짙어 유도등이 보이지 않는다.
② 천장이나 벽 등 구조물의 낙하 위험이 있다.
③ 강렬한 복사열로 인하여 인접 건물로 연소가 확산될 수 있다.
④ 화재의 상황변화가 격렬하고 다양하게 변화되는 시기이다.

05
화재발생 시 발생하는 연기에 대한 설명으로 옳지 않은 것은?

① 연기는 일반적으로 불완전 연소 시에 발생한 고체, 액체, 기체 생성물의 집합체이다.
② 동일한 가연물에 있어 환기지배형 화재가 연료지배형 화재에 비하여 연기발생량이 많다.
③ 연기의 비중은 공기보다 작기 때문에 발생 직후 건물의 아래에서 위쪽으로 이동한다.
④ 고온상태의 연기는 화재전파의 원인이 되기도 한다.

06
연소이론에서 용어의 정의에 관한 설명으로 옳은 것은?

① 연소점은 일반적으로 인화점보다 5~10[℃] 높으나 액체는 인화점과 연소점이 같다.
② 발화시간 이후 형성된 가연성 혼합기체 온도가 상승되는 시간부터 발화가 일어날 때까지의 경과시간을 나타내는 것을 발화지연시간이라고 하며 발화온도가 낮을수록 발화지연시간은 길어진다.
③ 섭씨온도란 1기압 상태에서 물의 어는점을 32℉, 끓는점을 212℉로 180등분한 것이다.
④ 숨은열이란 물질의 상변화 없이 온도변화가 있을 때 필요한 열량이다.

07
폭발의 종류와 해당 물질의 연결이 옳은 것을 모두 고른 것은?

```
ㄱ. 증기폭발: 물, 염화비닐
ㄴ. 분해폭발: 아세틸렌, 히드라진
ㄷ. 분진폭발: 탄진, 마그네슘분
ㄹ. 중합폭발: 시안화수소, 산화에틸렌
```

① ㄴ
② ㄴ, ㄹ
③ ㄴ, ㄷ, ㄹ
④ ㄱ, ㄴ, ㄷ, ㄹ

08
제4류 위험물 중 알코올류에 관한 내용으로 옳지 않은 것은?

① 알코올류는 일반적으로 휘발성이 좋기 때문에 액체연료가 증발하여 발생된 가연성 증기가 연소하는 증발연소에 해당한다.
② CH_3OH, C_2H_5OH, C_3H_7OH, C_4H_9OH은 알코올류에 속한다.
③ 알코올 등과 같은 수용성 가연물은 다량의 물을 주입하여 연소농도를 낮춰 소화하는 희석소화가 가능하다.
④ 지정수량 400L인 2등급 물질에 해당한다.

09
연소 및 폭발에 관한 내용으로 옳지 않은 것은?

① 산화폭발은 연소가 비정상상태로 되어서 폭발이 일어나는 형태이다. 주로 가연성 가스나 증기, 분진, 액적(분무) 등이 공기와 반응에 의하여 발생한다.
② 진한 황산(H_2SO_4)이 물에 녹을 때 방출하는 열량으로 가연물을 연소시킬 수 없다.
③ 아세틸렌은 압축 등 어떠한 원인에 의해 분해되어 발열, 착화, 압력 상승되어 폭발하는 것이다. 지연성 가스 없이 폭발이 가능하다.
④ 1차 공기의 부족 또는 온도가 낮아 불완전 연소하는 것으로 불꽃의 색이 적황색을 띠는 연소를 황염(Yellow-tip)이라고 한다.

10
황린에 대한 설명으로 옳지 않은 것은?

① 연소 시 용융하면서 연소한다.
② 자연발화 방지를 위해 강알칼리 수용액에 저장한다.
③ 제3류 위험물로 지정수량이 20kg, 위험 1등급 물질이다.
④ 환원력이 강하기 때문에 산소 농도가 낮은 분위기에서도 연소가 가능하다.

11
물이 소화약제로서 갖는 특성으로 옳지 않은 것은?

① 질식효과의 물방울 입자크기보다 작게 하고, 저압으로 방사할 경우 유화효과가 더 좋아진다.
② 물의 부피는 펌프의 일량이 전해진 후에도 변하지 않는다.
③ 봉상주수보다 무상으로 방사할 경우 더 큰 냉각소화가 있다.
④ 물은 수증기로 변하면서 약 1,700배 부피팽창하여 질식소화 효과가 있다.

12
소화기구에 적용되는 능력단위에 대한 설명으로 옳지 않은 것은?

① 간이소화용구에는 능력단위가 적용되지 않는다.
② C급 화재용 소화기는 전기전도성 시험에 적합하여야 하며 C급 화재에 대한 능력단위는 지정하지 아니한다.
③ 공연장, 집회장은 해당용도의 바닥면적 50[㎡]마다 능력단위 1단위 이상의 소화기구를 설치해야 한다.
④ 소화능력단위에 따라 소형소화기와 대형소화기로 구분된다.

13
옥내소화전설비의 물올림장치 및 순환배관에 들어가는 규격기준으로 옳은 것은?

(가) 탱크유효수량
(나) 순환배관
(다) 물올림탱크급수배관

	(가)	(나)	(다)
①	100[ℓ] 이상	15[mm] 이상	20[mm] 이상
②	100[ℓ] 이상	20[mm] 이상	15[mm] 이상
③	200[ℓ] 이상	25[mm] 이상	10[mm] 이상
④	200[ℓ] 이상	20[mm] 이상	20[mm] 이상

14
자연발화의 설명으로 옳지 않은 것은?

① 휘발성이 클수록 자연발화가 일어나기 쉽다.
② 발열속도가 방열속도보다 클 경우 자연발화가 발생하기 쉽다.
③ 자연발화물질이 있는 공간이 고온이고 적당한 습도가 있으면 자연발화가 발생하기 쉽다.
④ 자연발열은 화학적 점화원으로 구분된다.

15
특수가연물의 지정수량 기준으로 옳은 것을 모두 고른 것은?

ㄱ. 면화류: 200kg 이상
ㄴ. 나무부스러기: 400[kg] 이상
ㄷ. 볏짚류: 1,000[kg] 이상
ㄹ. 목재가공품: 10[㎥] 이상
ㅁ. 플라스틱류(발포시키지 않은 것): 20[㎥] 이상

① ㄱ, ㄷ, ㄹ
② ㄱ, ㄴ, ㄷ
③ ㄱ, ㄷ, ㄹ, ㅁ
④ ㄱ, ㄴ, ㄷ, ㄹ, ㅁ

16
층수가 40층인 건축물에 옥내소화전설비를 설치하는 경우 확보해야 하는 수원의 양[㎥]은 얼마인가? (단, 모든 층에는 옥내소화전설비가 4개씩 설치되어 있다)

① 5.2
② 10.4
③ 20.8
④ 26

17
화재진압 시 탱크액면의 중앙부 쪽은 소화가 되더라도 탱크의 가장자리 부분은 탱크 벽면의 고열로 인해 포소화약제의 거품이 신속하게 소멸되어 소화가 되지 않아 탱크의 가장자리 부분에만 화염이 지속되는 현상을 나타낼 수 있는 포소화약제를 모두 고른 것은?

ㄱ. 수성막포	ㄴ. 불화단백포
ㄷ. 단백포	ㄹ. 합성계면활성제포

① ㄱ, ㄹ
② ㄴ, ㄷ
③ ㄱ, ㄴ
④ ㄷ, ㄹ

18
주요구조부가 내화구조 또는 불연재료로 된 건축물로서 연면적이 1,000[㎡] 이상인 건축물에 적용하는 방화구획의 기준으로 옳은 것은?

① 10층 이하의 경우 바닥면적 1,000[㎡] 이내마다 구획한다.
② 11층 이상인 경우 바닥면적 200[㎡] 이내마다 구획하며 불연재료로 마감한 경우 600[㎡]마다 구획한다.
③ 지하 1층에서 지상으로 직접연결하는 경사로 부위를 포함하여 매 층마다 구획한다.
④ 스프링클러설비가 설치된 11층 이상의 건축물을 불연재료로 마감한 경우에는 바닥면적 3,000[㎡]마다 구획한다.

19
목재 및 목조건축물에 대한 내용으로 옳지 않은 것은?

① 표면적이 클수록, 방열손실이 작을수록 발화가 촉진된다.
② 저밀도의 목재는 고밀도의 목재보다 발화점이 높다.
③ 함수율이 적을수록 연소가 더 잘된다.
④ 목조건축물의 재료인 목재는 백색보다는 흑색이 둥글고 매끄러운 것보다는 각지고 거친 것이 훨씬 발화가 잘된다.

20
분말소화설비에 설치해야 하는 부속장치 및 설명으로 옳지 않은 것은?

① 저장용기 및 배관에는 잔류 소화약제를 처리할 수 있는 청소장치를 설치한다.
② 저장용기에는 저장용기의 내부압력이 설정압력으로 되었을 때 주밸브를 개방하는 압력조정기를 설치한다.
③ 분말소화설비의 자동식 기동장치는 교차회로방식의 화재감지기를 설치해야 한다.
④ 소화약제의 방출 개시 후 1분 이상 경보를 계속할 수 있는 음향경보장치를 설치한다.

21
사이렌을 활용한 소방신호의 방법으로 옳은 것은?

① 해제신호: 3분간 1회
② 경계신호: 5초 간격을 두고 30초씩 5회
③ 훈련신호: 10초 간격을 두고 1분씩 3회
④ 발화신호: 5초 간격을 두고 3초씩 3회

22
소방조직에 관한 설명으로 옳지 않은 것은?

① 소방위·소방경·소방령인 소방공무원은 지휘역량교육을 받아야 한다.
② 소방공무원은 경력직 공무원 중 특정직 공무원에 해당한다.
③ 소방공무원의 소방령 이상 소방감 이하의 직급은 계급정년과 연령정년이 있다.
④ 1973년 지방소방공무원법이 제정되어 국가직은 경찰공무원법을, 지방직은 지방소방공무원법을 적용받았으며, 1978년 소방공무원법 시행 이후부터 현재까지 모든 소방공무원은 소방공무원법을 적용받는다.

23

압축공기포 소화설비에 대한 내용으로 옳지 않은 것은?

① 물과 포원액에 가압된 공기 또는 질소를 압입하여 발포시키는 시스템으로 포소화설비의 성능을 개선시킨 방식이다.
② 압축공기포는 포약제를 물과 공기 또는 질소와 혼합시켜 물의 표면장력을 증가시킨 것이다.
③ 압축공기포는 강제적으로 공기나 질소를 압입하여 포의 체적과 면적을 대폭 증가시키는데 이로 인해 포의 흡열성이 증가되어 소화효과를 높이게 된다.
④ 나트륨, 칼륨 및 나트륨, 칼륨의 혼합물과 같은 물반응성 물질 등에는 사용할 수 없다.

24

「재난 및 안전관리 기본법」상 기준에서 규정하는 기능과 역할에 따라 실제 재난대응에 필요한 조치사항 및 절차를 규정한 문서로 재난관리주관기관의 장과 관계 기관의 장이 작성하는 것은 무엇인가?

① 위기관리 표준매뉴얼
② 위기대응 실무매뉴얼
③ 현장대응 행동매뉴얼
④ 현장조치 행동매뉴얼

25

「재난 및 안전관리 기본법」상 용어의 정의로 옳지 않은 것은?

① 재난이란 국민의 생명·신체·재산과 국가에 피해를 주거나 줄 수 있는 것으로서 자연재난과 인적재난으로 구분된다.
② 해외재난이란 대한민국의 영역 밖에서 대한민국 국민의 생명·신체 및 재산에 피해를 주거나 줄 수 있는 재난으로서 정부차원에서 대처할 필요가 있는 재난을 말한다.
③ 재난관리란 재난의 예방·대비·대응 및 복구를 위하여 하는 모든 활동을 말한다.
④ 긴급구조기관이란 소방청·소방본부 및 소방서를 말한다. 다만, 해양에서 발생한 재난의 경우에는 해양경찰청·지방해양경찰청 및 해양경찰서를 말한다.

제 06 회 소방학개론 모의고사

정답 및 해설 p.35

풀이시간   점수

01

증기압에 대한 설명으로 옳은 것은?

> ㄱ. 액체의 표면이 가능한 작은 면적을 차지하기 위하여 스스로 수축하려고 작용하는 힘을 말한다.
> ㄴ. 증기가 액체와 평형상태에 있을 때 증기가 새어 나가려는 압력을 말한다.
> ㄷ. 메탄이 부탄보다 증기압이 높다.
> ㄹ. 증기압이 높을수록 위험하다.

① ㄱ, ㄴ
② ㄴ, ㄹ
③ ㄴ, ㄷ, ㄹ
④ ㄱ, ㄴ, ㄷ, ㄹ

02

물체 표면의 온도가 0[℃]에서 546[℃]로 증가하는 경우 물체 표면에서 복사되는 에너지는 몇 배 증가하는가?

① 3배
② 16배
③ 27배
④ 81배

03

스프링클러 헤드의 반응시간지수와 관련 있는 것은?

① 디플렉타
② 감열체
③ 프레임
④ 오리피스

04

고체의 연소현상 중 훈소와 표면연소에 관한 설명으로 옳은 것은?

① 훈소와 표면연소 모두 화염이 없이 타는 외관적 형태를 보인다.
② 담배의 연소는 표면연소의 대표적인 예이다.
③ 표면연소는 훈소에 비하여 많은 연기가 발생한다.
④ 숯은 산소와 온도 조건이 맞으면 화염으로 연소할 수 있다.

05

발화점이 낮아지는 조건으로 옳은 것을 모두 고른 것은?

> ㄱ. 화학적 활성도가 작을수록
> ㄴ. 분자구조가 복잡한 경우
> ㄷ. 접촉하는 금속의 열전도가 작을수록
> ㄹ. 탄화수소계열의 분자량이 큰 경우

① ㄴ, ㄹ
② ㄱ, ㄴ, ㄹ
③ ㄴ, ㄷ, ㄹ
④ ㄱ, ㄴ, ㄷ, ㄹ

06

연소의 3요소 중 점화원의 분류로서 기계적 점화원으로만 되어 있는 것은?

① 단열압축, 충격, 마찰
② 고온표면, 유전열, 유도열
③ 충격, 마찰, 기화열
④ 나화, 자연발열, 단열압축

07
이산화탄소 소화약제에 대한 내용으로 옳은 것을 모두 고른 것은?

ㄱ. 증기압이 높아 다른 가압원의 도움 없이 자체적으로 방사가 가능하며, 저장시 온도를 떨어뜨려 액화시킨다.
ㄴ. 보통 유류화재와 전기화재에 주로 사용되며, 밀폐상태에서 방출되는 경우 일반화재에도 사용이 가능하다.
ㄷ. 이산화탄소는 불활성가스로 주된 소화효과는 질식작용이며, 줄-톰슨효과에 의해 주위의 기화열을 흡수하는 냉각효과도 있다.
ㄹ. 밀폐된 공간에서 침투가 잘 되고, 전기에 대한 절연성이 있다.

① ㄱ, ㄴ
② ㄷ, ㄹ
③ ㄴ, ㄷ, ㄹ
④ ㄱ, ㄴ, ㄷ, ㄹ

08
백드래프트(Back draft)의 방지대책에 관한 설명으로 옳지 않은 것은?

① 격리: 소방대가 쇼 윈도우를 파괴하고 나서 신속하게 후퇴하고 그 후에 전진하여 연소 물체에 방수한다.
② 소화: 출입문 개방과 동시에 방수하면 폭발적인 연소를 방지할 수 있다.
③ 환기: 출입문을 개방하기 전 천장의 환기구를 개방, 유리창을 파손하여 가연성 가스를 방출시켜 폭발력을 억제할 수 있다.
④ 폭발력 억제: 실내의 온도 상승이 높고 출입문이 안쪽으로 열릴 때에는 빠르게 출입문을 열어 방수한다.

09
프로판 50[V%], 메탄 30[V%], 수소 20[V%]의 조성으로 혼합된 가연성연료가 공기 중에 존재한다고 할 때 이 연료가스의 연소하한계(LFL)는? (단, 프로판의 LFL은 2.1[V%], 메탄의 LFL은 5[V%], 수소의 LFL은 4[V%]이다)

① 약 2.15[V%]
② 약 2.87[V%]
③ 약 3.52[V%]
④ 약 4.43[V%]

10
폭발에 관한 설명으로 옳은 것을 모두 고른 것은?

ㄱ. 액체의 팽창·상변화 등의 물리적 현상으로 압력 발생의 원인이 되어 발생하는 폭발을 물리적 폭발이라 한다.
ㄴ. 물질의 분해·연소 등으로 압력이 상승하는 것이 원인이 되어 발생하는 폭발을 화학적 폭발이라 한다.
ㄷ. 화재가 발생한 후 현장에 놓여 있던 가정용 LPG 용기가 가열되어 발생하는 폭발은 화학적 폭발이다.
ㄹ. 폭연은 화염전파속도가 미반응 매질 속에서 음속보다 큰 속도로 이동하는 폭발 현상이다.

① ㄱ, ㄴ
② ㄴ, ㄷ
③ ㄷ, ㄹ
④ ㄱ, ㄴ, ㄷ

11
가연성 물질이 공기 중에서 연소할 때의 연소형태에 관한 설명으로 옳지 않은 것은?

① 공기와 접촉하는 표면에서 연소가 일어나는 것을 표면연소라 한다.
② 유황은 증발이나 열분해 없이 고체 표면에서 산소와 급격히 산화반응하여 물질자체가 연소하는 물질이다.
③ 분출화재란 연료가스 배관의 플랜지, 배관의 구멍, 배관의 이음새에서 가스 누출 후 착화에 의해 발생한다.
④ TNT의 연소는 자기연소이다.

12
각 위험물별 지정수량의 연결이 옳은 것은?

① 제1류 위험물 - 요오드산염류 - 1,000kg
② 제2류 위험물 - 황린 - 20kg
③ 제4류 위험물 - 글리세린 - 4,000L
④ 제5류 위험물 - 니트로화합물 - 100kg

13

동식물유류에 대한 설명으로 옳지 않은 것은?

① 불건성유 < 반건성유 < 건성유일수록 자연발화의 위험성이 높다.
② 불포화도가 낮을수록 요오드값이 크며 산화되기 쉽다.
③ 동물의 지육 또는 식물의 종자나 과육으로부터 추출한 것으로 1기압에서 인화점이 섭씨 250도 미만이다.
④ 요오드값이 130 이상인 것이 건성유이다.

14

스프링클러설비에 대한 내용으로 옳지 않은 것은?

① 제1류 위험물 중 알칼리금속의 과산화물을 다루고 있는 장소에서는 스프링클러설비를 사용할 수 없다.
② 가압송수장치의 송수량은 0.1MPa 방수압력 기준으로 분당 80리터 이상의 방수성능을 가진 기준개수의 모든 헤드로부터의 방수량을 충족시킬 수 있는 양 이상의 것으로 하여야 한다.
③ 무대부 또는 연소할 우려가 있는 개구부에 있어서는 폐쇄형 스프링클러헤드를 설치한다.
④ 제5류 위험물이 설치된 곳에 스프링클러설비를 설치할 수 있다.

15

이산화탄소를 방출하여 산소농도가 12%가 되었다면 공기 중 이산화탄소의 최소설계농도는 약 몇 %인가? (공기 중 산소의 농도는 20%로 한다)

① 34
② 40
③ 48
④ 50

16

임야화재 중 수관화(Crown fire)에 관한 설명으로 옳지 않은 것은?

① 땅속에 있는 연료가 타는 것을 말한다.
② 바람을 타고 바람이 부는 방향으로 V자형으로 퍼진다.
③ 비화가 발생하여 화재가 빨리 확산되고 짧은 기간에 심각한 피해를 발생시킨다.
④ 중심부 화염의 온도가 1,175℃ 정도이다.

17

「화재조사 및 보고규정」상 화재피해 건물의 동수 산정의 내용으로 옳지 않은 것은?

① 주요구조부가 하나로 연결되어 있는 것과 건널 복도 등으로 2 이상의 동에 연결되어 있는 것은 1동으로 한다.
② 독립된 건물과 건물 사이에 차광막, 비막이 등의 덮개를 설치하고 그 밑을 통로 등으로 사용하는 경우는 다른 동으로 한다.
③ 건물의 외벽을 이용하여 실을 만들어 헛간, 목욕탕, 작업실, 사무실 및 기타 건물 용도로 사용하고 있는 것은 주건물과 같은 동으로 본다.
④ 목조 또는 내화조 건물의 경우 격벽으로 방화구획이 되어 있는 경우 같은 동으로 한다.

18

「화재조사 및 보고규정」상 소방관서장이 화재합동조사단을 구성하여 운영하는 내용으로 옳지 않은 것은?

① 소방청장은 사상자가 30명 이상이 발생한 화재의 경우 화재합동조사단을 구성하여 운영한다.
② 소방본부장 2개 시·군·구 이상에 발생한 화재의 경우 화재합동조사단을 구성하여 운영한다.
③ 소방서장은 재산피해액이 100억원 이상 발생한 임야화재의 경우 화재합동조사단을 구성하여 운영한다.
④ 소방서장은 사상자가 10명 이상 발생한 화재의 경우 화재합동조사단을 구성하여 운영한다.

19
물 소화약제와 포 소화약제의 특징으로 옳지 않은 것은?

① 물은 증발잠열(80[kcal/kg])이 작아 증발 시 많은 열량을 흡수한다.
② 물에 유동화제(Rapid water)를 첨가하면 소방용수의 유출 속도를 높일 수 있다.
③ 포소화약제는 내유성과 내열성, 유류와의 부착성이 좋아야 한다.
④ 포소화약제는 포에 함유된 수분에 의한 수용성 액체의 농도를 약하게 하는 희석작용이 있다.

20
확산속도에 대한 내용으로 옳지 않은 것은?

① 연소 시 화염이 미연소 혼합가스에 대하여 수직으로 이동하는 속도이다.
② 외부환경이나 미연소 가스의 유속에 따라 화염속도는 변할 수 있다.
③ 화염속도가 가속되면 폭굉으로 전이가 가능하다.
④ 화염속도는 미연소 가스의 이동속도에 연소속도를 더한 값이다.

21
가압송수장치를 펌프방식으로 하는 경우 설치기준으로 옳은 것은?

① 펌프의 토출 측에는 연성계를 체크밸브 이후에 펌프토출 측 플랜지에서 가까운 곳에 설치하고, 흡입 측에는 압력계 또는 진공계를 설치한다.
② 성능시험배관은 펌프의 토출측에 설치된 개폐밸브 이전에서 분기하여 설치하고, 유량측정장치를 기준으로 전단 직관부에 개폐밸브, 후단 직관부에는 유량조절밸브를 설치한다.
③ 유량측정장치는 성능시험배관의 직관부에 설치하되, 펌프의 정격토출량의 180% 이상 측정할 수 있는 성능이 있어야 한다.
④ 펌프의 성능은 체절운전 시 정격토출압력의 150%를 초과하지 아니하고, 정격토출량의 140%로 운전 시 정격토출압력의 65% 이상이 되어야 한다.

22
소방공무원의 임용에 관한 내용으로 옳지 않은 것은?

① 전보란 소방공무원의 계급 및 자격 변경으로 근무기관이나 부서를 달리하는 임용을 말한다.
② 소방령 이상의 소방공무원은 소방청장의 제청으로 국무총리를 거쳐 대통령이 임용한다.
③ 소방공무원을 신규 채용할 때에는 소방장 이하는 6개월간 시보로 임용하고, 소방위 이상은 1년간 시보로 임용하며, 그 기간이 만료된 다음 날에 정규 소방공무원으로 임용한다.
④ 소방령 이하의 소방공무원은 직무와 관련된 전문교육을 받아야 한다.

23
상수도소화용수설비의 화재안전기술기준상 소화전은 구경(호칭지름)이 얼마 이상의 수도배관에 접속하여야 하는가?

① 65mm 이상의 수도배관
② 75mm 이상의 수도배관
③ 100mm 이상의 수도배관
④ 140mm 이상의 수도배관

24
절대온도에서 물질의 엔트로피는 0이 된다는 것은 열역학 제 몇 법칙에 대한 내용인가?

① 열역학 0법칙
② 열역학 1법칙
③ 열역학 2법칙
④ 열역학 3법칙

25

「재난 및 안전관리 기본법」상 긴급구조통제단에 관한 내용으로 옳지 않은 것은?

① 시·도긴급구조통제단과 시·군·구 긴급구조통제단에는 각각 단장 1명을 두되, 시·도 긴급구조통제단의 단장은 소방본부장이 되고 시·군·구 긴급구조통제단의 단장은 소방서장이 된다.
② 재난현장에서는 시·군·구 긴급구조통제단장이 긴급구조활동을 지휘한다.
③ 지역통제단장의 경우 급수 수단의 확보, 긴급피난처 및 구호품의 확보에 관한 응급조치를 하여야 한다.
④ 지역통제단의 기능과 운영에 관한 사항은 대통령령으로 정한다.

제07회 소방학개론 모의고사

01
다음에서 설명하는 폼챔버의 종류는 무엇인가?

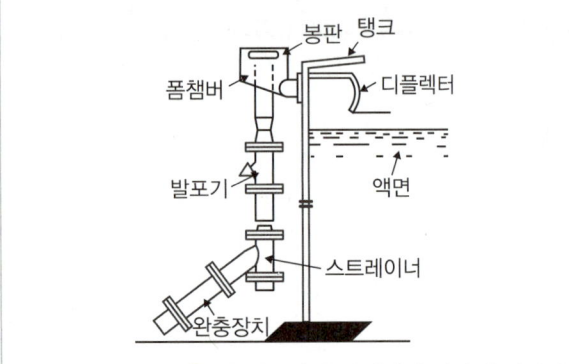

방출된 포가 탱크 측판 내부에 흘러내려서 액면에 전개되도록 포의 반사판을 방출구에 설치한 설비

① Ⅰ형
② Ⅱ형
③ Ⅲ형
④ 특형

02
연소범위에 관한 설명으로 옳지 않은 것은?

① 자력으로 화염을 전파하는 공간을 말한다.
② 연소범위의 농도는 연소의 조건인 물적 조건에 해당한다.
③ 연소범위가 넓을수록 위험도 값이 커진다.
④ 연소범위의 상한계(UFL)를 조연성의 최대용량비라고도 한다.

03
건축물 화재의 용어에 대한 설명으로 옳지 않은 것을 모두 고른 것은?

ㄱ. 최성기의 화재 지속시간은 연소속도를 실내의 전체 가연물의 양으로 나눈 값이다.
ㄴ. 지속시간은 화재가혹도의 양적 개념으로 화재하중과 관련이 있다. 화재하중을 줄이면 지속시간이 줄어들어 화재가혹도의 크기도 작아진다.
ㄷ. 화재강도란 발생되는 열의 집중이나 발열량의 크기를 상대적으로 나타내는 것으로 발화원의 온도가 높을수록 화재강도도 커진다.
ㄹ. 화재하중이 소실되면 감쇠기로 넘어가게 된다.
ㅁ. 화재가혹도는 화재의 세기를 말하며, 화재하중은 화재 시 발열량 및 화재 위험성의 척도를 나타낸다.

① ㄱ, ㄷ
② ㄴ, ㄷ
③ ㄱ, ㄴ, ㄹ
④ ㄱ, ㄴ, ㄷ, ㄹ

04
메탄올(CH_3OH) 1몰을 연소시키는 데 최소발화에너지 값이 최저가 되는 경우의 조성으로 옳은 것은? (공기 중 산소는 20%이며, 셋째 자리에서 반올림한다)

① 9.12
② 10.55
③ 11.76
④ 15.48

05

연료지배형 화재와 환기지배형 화재의 특징으로 옳은 것은?

① 연료지배형 화재 시 환기지배형 화재에 비해 연소속도가 느리다.
② 환기지배형 화재 시 개구부의 면적은 온도에 비례하고 지속시간에 반비례한다.
③ 백드래프트는 연료지배형 화재가 진행되고 있는 공간에 산소가 일시적으로 다량 공급됨에 따라 가연성 가스가 폭발적으로 연소하는 현상이다.
④ 연료지배형 화재는 개방된 공간에서 환기요소에 따라 진행속도가 결정된다.

06

소화기구의 소화약제별 적응성 중 C급 화재에 적응성이 있는 소화약제를 모두 고른 것은?

ㄱ. 이산화탄소 소화약제, 포 소화약제
ㄴ. 할로겐화합물 및 불활성기체 소화약제, 할론소화약제
ㄷ. 인산염류 소화약제, 팽창진주암 또는 팽창질석
ㄹ. 중탄산염류 소화약제, 마른모래
ㅁ. 무상의 강화액 소화약제, 무상의 산·알칼리 소화약제

① ㄱ, ㄷ
② ㄴ, ㅁ
③ ㄴ, ㄷ, ㄹ
④ ㄱ, ㄴ, ㄷ, ㄹ, ㅁ

07

제4류 위험물의 설명으로 옳지 않은 것은?

① 대부분이 유기화합물이며 증기비중이 작다.
② 불포화도가 높은 건성유가 다공성 물질에 장시간 저장된 경우 산화열에 의한 자연발화가 발생할 수 있다.
③ 유류가 천에 스며있거나 분무상태로 되어있을 때 인화점 이하에서도 쉽게 착화될 수 있다.
④ 비점이 낮은 액체는 기화가 잘되므로 인화성 혼합가스를 형성하기 쉽다.

08

정전기에 관한 설명으로 옳은 것을 모두 고른 것은?

ㄱ. 정전기는 대전서열이 멀수록, 물체의 표면적이 거칠수록, 분리속도가 빠를수록 더욱 잘 발생한다.
ㄴ. 유체를 주입하는 경우에는 침액파이프를 설치하면 정전기를 방지할 수 있다.
ㄷ. 유류는 전기의 도체이므로 정전기는 기계적 점화원으로 작용할 수 있다.
ㄹ. 정전기의 발생과정은 "전하의 발생 → 전하의 축적(대전현상) → 방전 → 발화"이다.

① ㄱ, ㄹ
② ㄱ, ㄴ, ㄷ
③ ㄱ, ㄴ, ㄹ
④ ㄱ, ㄴ, ㄷ, ㄹ

09

프로판(C_3H_8)의 연소에 필요한 최소산소농도(MOC)의 값(vol%)은? (연소상한계는 9.5vol%이고, 하한계는 2.1vol%이다)

① 8.1
② 10.5
③ 15.1
④ 20.5

10

「화재조사 및 보고규정」상 관련된 용어의 정의로 옳지 않은 것은?

① "연소확대물"란 연소가 확대되는 데 있어 결정적 영향을 미친 가연물을 말한다.
② "완진"이란 소방대의 소화활동으로 화재확대의 위험이 현저하게 줄어들거나 없어진 상태를 말한다.
③ "손해율"이란 피해물의 종류, 손상 상태 및 정도에 따라 피해금액을 적정화시키는 일정한 비율을 말한다.
④ "최종잔가율"이란 피해물의 내용연수가 다한 경우 잔존하는 가치의 재구입비에 대한 비율을 말한다.

11

고발포 포소화약제의 발포배율과 환원시간에 관한 설명으로 옳지 않은 것은?

① 발포배율이 커지면 환원시간은 짧아진다.
② 발포배율이 작은 포는 포의 직경이 작아서 포의 막은 두껍다.
③ 포의 막이 두꺼울수록 환원시간은 길어진다.
④ 환원시간이 짧을수록 양호한 포소화약제이다.

12

화재 발생 시 사용하는 소화약제에 대한 내용으로 옳지 않은 것은?

① 이산화탄소는 공기보다 무거워 방출 시 가연물이나 화염 표면을 덮어 공기의 공급을 차단시켜 버리는 소화 효과가 있다.
② Na-X 분말은 탄산나트륨(Na_2CO_3)과 첨가제로 이루어진 분말소화약제로 나트륨 화재시에 사용하여 질식소화한다.
③ 할론 소화약제, 분말 소화약제, 불활성기체 소화약제는 연쇄반응을 억제하여 소화하는 부촉매효과가 있다.
④ 제1종 분말소화약제는 비누화 반응을 일으켜 식용유화재(K급 화재)에도 적용할 수 있다.

13

비교적 천천히 더디게 타고 난 후 표면에 남는 갈라진 흔적으로 약 700℃ 수준의 불에 타 탄화홈이 얕고 사각 또는 삼각형을 형성하는 것은?

① 열소흔
② 강소흔
③ 완소흔
④ 주연흔

14

펌프의 이상현상에 대한 내용으로 옳지 않은 것은?

① 수격현상 발생시 매우 큰 소음을 발생시키며, 배관·이음쇠·밸브류·기기류 등을 진동시켜 누수를 발생시키고 파손시킨다.
② 관로 내 유체의 유속을 감소, 수격방지기를 설치함으로 수격현상을 방지할 수 있다.
③ 맥동(서징)현상이란 펌프 운전 중에 압력계기의 눈금이 어떤 주기를 가지고 큰 진폭으로 흔들림과 동시에 토출량도 어떤 범위에서 주기적으로 변동이 발생하는 것을 말한다.
④ 공동현상은 펌프 흡입구에서 유로 변화로 인한 압력상승으로 그 부분의 압력이 포화증기압보다 높아질 경우 발생한다.

15

위험물에 관한 내용으로 옳지 않은 것은?

① 제1류 위험물은 가열, 충격, 마찰 등에 분해하면서 산소를 발생한다.
② 제2류 위험물 중 적린은 황린과 동소체이며, 황린과 동일하게 자연발화하는 특징을 가지고 있다.
③ 제3류 위험물의 보호액인 석유에서 화재 발생 시에는 이산화탄소나 분말 소화약제를 사용할 수 있다.
④ 제4류 위험물 중 이황화탄소는 물보다 무겁고 물에 녹기 어렵기 때문에 수조에 저장하여 가연성 증기 발생을 억제한다.

16

목조건축물과 내화건축물에서 화재 발생 시의 내용으로 옳지 않은 것은?

① 목조건축물은 출화(발화)에서 최성기로 넘어가는 단계에서 플래시오버가 발생한다.
② 열팽창률이 작은 목재가 철재보다 연소가 더 잘 되므로 목조건축물 화재 시 내화건축물 화재보다 붕괴확률이 적다.
③ 목조건축물 화재는 유류나 가스 화재와는 달리 일반적으로 무염착화 없이 발염착화로 이어진다.
④ 내화건축물 화재 시 약 10~30분 후 실내온도는 급격하게 상승하며, 최성기 도달 시 최고온도는 약 900~1,000[℃]를 지속한 후 서서히 낮아진다.

17

분말소화설비의 화재안전기술기준상 차고 또는 주차장에 설치하는 분말소화설비의 소화약제는?

① 인산염을 주성분으로 한 분말
② 탄산수소나트륨을 주성분으로 한 분말
③ 탄산수소칼륨과 요소가 화합된 분말
④ 탄산수소칼륨을 주성분으로 한 분말

18

1급 응급구조사의 자격으로 옳지 않은 것은?

① 대학에서 응급구조학을 전공하고 졸업한 사람
② 2급 응급구조사로서 응급구조사의 업무에 3년 이상 종사한 사람
③ 전문대학에서 응급구조학을 전공하고 졸업한 사람
④ 소방청장이 정하여 고시하는 기준에 해당하는 외국의 응급구조사 자격인정을 받은 사람

19

「화재조사 및 보고규정」의 설명 중 옳지 않은 것은?

① 사상자는 화재현장에서 사망한 사람과 부상당한 사람을 말하며, 화재현장에서 부상을 당한 후 72시간 이내에 사망한 경우에는 당해 화재로 인한 사망으로 본다.
② 중상은 3주 이상의 입원치료를 필요로 하는 부상을 말한다.
③ 구급을 이송할 필요가 없는 경상인 상태는 트리아제 중증도 분류 시 비응급환자로 분류된다.
④ 병원치료를 필요로 하지 않는 단순하게 연기를 흡입한 사람은 경상으로 본다.

20

전기설비 방폭의 원리와 방법으로 연결이 옳은 것을 모두 고른 것은?

> ㄱ. 점화원의 격리: 유입 방폭구조
> ㄴ. 점화원의 격리: 압력 방폭구조
> ㄷ. 전기설비의 안전도 증가: 본질안전방폭구조
> ㄹ. 전기설비사용의 최소화: 안전증방폭구조

① ㄱ, ㄴ
② ㄴ, ㄹ
③ ㄷ, ㄹ
④ ㄱ, ㄴ, ㄷ

21

「재난 및 안전관리 기본법 시행령」상 긴급구조기관의 장이 수립하는 재난유형별 긴급구조대응계획에 포함되어야 할 내용으로 옳은 것을 모두 고른 것은?

> ㄱ. 긴급구조대응계획의 기본방침과 절차
> ㄴ. 긴급구조대응계획의 목적 및 적용범위
> ㄷ. 긴급구조대응계획의 운영책임에 관한 사항
> ㄹ. 비상경고 방송메시지 작성 등에 관한 사항
> ㅁ. 주요 재난유형별 대응 매뉴얼에 관한 사항
> ㅂ. 재난 발생 단계별 주요 긴급구조 대응활동 사항

① ㄱ, ㄴ, ㄷ
② ㄱ, ㄷ, ㄹ
③ ㄴ, ㅁ, ㅂ
④ ㄹ, ㅁ, ㅂ

22

소방공무원에 대한 설명으로 옳은 것은?

① 소방령 이하의 소방공무원은 소방청장이 임용한다.
② 소방공무원은 1983년 소방공무원법 제정 이후 특정직 공무원에 해당한다.
③ 「소방공무원법」상 복직이란 휴직·직위해제 또는 정직(강등에 따른 정직 제외) 중에 있는 소방공무원을 직위에 복귀시키는 것을 말한다.
④ 소방공무원 중징계에는 파면, 해임, 감봉, 정직 등이 있다.

23

물질의 위험성을 나타내는 성질 중 그 값이 클수록(높을수록) 위험한 것들로만 연결된 것은?

① 온도, 연소속도, 연소열, 증기비중
② 증기압, 표면장력, 비점, 연소범위
③ 증발열, 인화점, 표면장력, 비열
④ 연소속도, 연소열, 발화점, 증발열

24

연소가스의 설명으로 옳지 않은 것은?

① 미연소가스의 이동속도는 화염전파속도에 영향을 준다.
② 연소가스의 배출이 불안전한 경우 선화가 발생할 수 있다.
③ LC 50은 연소가스의 허용농도값이 200ppm 이하일 때 독성으로 분류한다.
④ 연소가스 중 염화수소는 염소성분이 함유되어 있는 염화비닐수지, 전선의 피복, 배관 등이 연소할 때 발생하는 것으로 금속에 대한 강한 부식성이 있어 철을 녹슬게 한다.

25

자동화재탐지설비에 관한 내용으로 옳지 않은 것은?

① 경계구역이란 특정소방대상물 중 화재신호를 발신하고 그 신호를 수신 및 유효하게 제어할 수 있는 구역을 말한다.
② 차동식 스포트형 감지기는 정온점이 감지기 주위의 평상시 최고온도보다 20[℃] 이상 높은 것으로 설치한다.
③ 발신기는 특정소방대상물의 층마다 설치하되, 해당 특정소방대상물의 각 부분으로부터 하나의 발신기까지의 수평거리가 25[m] 이하가 되도록 한다.
④ 층수가 11층(공동주택의 경우에는 16층) 이상인 특정소방대상물의 음향장치는 우선경보방식으로 한다.

제08회 소방학개론 모의고사

01

이상연소 현상의 원인으로 연결이 옳지 않은 것은?

> ㄱ. 역화: 공급가스의 압력이 저하된 경우
> ㄴ. 역화: 용기 밖의 압력이 낮을 때
> ㄷ. 선화: 염공의 일부 막힘 등으로 분출속도가 증가된 경우
> ㄹ. 선화: 1차 공기량이 적은 경우
> ㅁ. 불완전연소: 주위의 온도가 높을 때
> ㅂ. 불완전연소: 연소생성물의 배기량이 불량할 때

① ㄴ, ㄹ, ㅁ
② ㄱ, ㄷ, ㅂ
③ ㄱ, ㄴ, ㄷ, ㄹ
④ ㄴ, ㄹ, ㅁ, ㅂ

02

원인물질의 상태에 따라 폭발을 분류할 경우 응상폭발에 해당하는 것으로 옳은 것은?

① 증기폭발, 과열액체증기폭발, 분진폭발
② 불안정물질의 폭발, 가스폭발, 전선폭발
③ 혼합·혼촉에 의한 폭발, 증기폭발, 분무폭발
④ 수증기폭발, 고상간 전이에 의한 폭발

03

프로판 2[㎥]을 완전연소시키기 위해 필요한 이론산소량과 이론공기량은 얼마인가? (공기 중 산소는 20[%]로 한다)

	이론산소량	이론공기량
①	5[㎥]	50[㎥]
②	5[㎥]	25[㎥]
③	10[㎥]	50[㎥]
④	10[㎥]	45[㎥]

04

제한된 공간에서 연기 이동과 확산에 관한 설명으로 옳지 않은 것을 모두 고른 것은?

> ㄱ. 중성대에서 연기의 흐름이 가장 느리다.
> ㄴ. 화점에 가까울수록 연기의 흐름은 느려지고, 화점과 멀어질수록 연기의 흐름은 빨라진다.
> ㄷ. 건축물 내부에 있는 냉·난방, 통풍, 공기조화설비의 영향으로 연기를 이동시킬 수 있다.
> ㄹ. 배기란 연기의 이동을 막아 일정한 장소 내로 들어오지 못하게 연기를 제어하는 방법이다.

① ㄷ
② ㄱ, ㄴ
③ ㄱ, ㄹ
④ ㄴ, ㄹ

05

소화수에 사용되는 첨가제 중 침투제에 관한 설명으로 옳은 것은?

① 물의 표면장력을 감소시켜 심부화재 소화를 돕는 첨가제
② 물의 동결을 방지하기 위한 첨가제
③ 가연물 표면상에 물과 기름의 에멀젼을 형성하여 유화층 형성을 돕기 위한 첨가제
④ 물의 점도를 증가시켜 쉽게 흘러 유실되는 것을 방지하는 첨가제

06

건축물의 주요구조부가 내화구조이고, 벽 및 반자의 실내에 면하는 부분이 가연재료로 되어있는 위락시설에 몇 개의 소화기를 설치해야하는가? (단, 위락시설의 바닥적은 600㎡이며, 3단위 소화기를 설치하는 것으로 한다)

① 4개
② 5개
③ 6개
④ 7개

07

건축물 화재 시 플래시오버(flash over)에 영향을 주는 요소를 모두 고른 것은?

ㄱ. 발열량	ㄴ. 화원의 크기
ㄷ. 천장의 재료	ㄹ. 산소분압
ㅁ. 개구율	ㅂ. 건물의 층수

① ㄱ, ㄹ, ㅁ, ㅂ
② ㄱ, ㄷ, ㄹ, ㅁ
③ ㄱ, ㄴ, ㄷ, ㄹ, ㅁ
④ ㄱ, ㄴ, ㄷ, ㄹ, ㅁ, ㅂ

08

제6류 위험물의 설명으로 옳지 않은 것은?

① 과염소산과 질산은 주수에 의한 냉각소화는 적당하지 않으며 과산화수소의 경우에는 양의 대소에 상관없이 다량의 물로 소화가능하다.
② 모두 무기화합물이며 물보다 무겁고 물에 녹기 쉽다.
③ 과염소산은 대단히 불안정한 강산이다.
④ 과산화수소, 과염소산, 질산, 할로겐간화합물 모두 산소 함유량이 높다.

09

연소생성물에 관한 내용으로 옳지 않은 것은?

① 탄화수소계 물질의 완전연소 시 발생하는 이산화탄소는 불연성 물질이다.
② 온도차가 발생할 경우 열은 높은 곳에서 낮은 곳으로 이동한다.
③ 일반적으로 불꽃의 색상은 밝을수록 온도가 높다.
④ 청산가스라고도 불리는 시안화수소는 헤모글로빈과 결합하여 호흡저해를 통한 질식을 유발한다.

10

구획실 화재에서 화재가혹도에 관한 설명으로 옳지 않은 것은?

① 화재가혹도는 화재하중과 화재강도로 구성되며, 화재강도는 단위면적당 가연물의 양으로 계산한다.
② 화재가혹도에 견디는 내력을 화재저항이라고 하며 건축물의 내화구조, 방화구조 등을 의미한다.
③ 화재가혹도란 발생한 화재가 당해 건물과 내부의 수용재산 등을 파괴하거나 손상을 입히는 능력의 정도이므로 방호공간 안에서 화재의 세기를 나타내는 개념이다.
④ 화재가혹도는 최고온도의 지속시간으로 화재가 건물에 피해를 입히는 능력의 정도를 나타낸다.

11

화재의 설명으로 옳은 것은?

① 일반화재란 목재, 섬유, 고무, 플라스틱 등과 같은 일반가연물의 화재를 말하며, 발생빈도나 피해액이 가장 작은 화재이다.
② 가연성 액체 등에서 발생하는 유류화재에 대한 소화기의 적응화재별 표시는 A로 표시한다.
③ 전류가 흐르고 있는 전기설비에서 불이 난 경우의 화재를 말하며, 전기화재에 대한 소화기의 적응화재별 표시는 C와 무색으로 표시한다.
④ 금속화재란 나트륨, 칼륨, 마그네슘과 같은 가연성 금속의 화재를 말하며, 소화기의 적응화재별 표시는 D로 표시하고 있으나 현재 소방청의 고시기준에는 없다.

12

건축물의 화재발생 시 인간의 피난 특성으로 틀린 것은?

① 평상시 사용하는 출입구나 통로를 사용하는 경향이 있다.
② 화재의 공포감으로 인하여 빛을 피해 어두운 곳으로 몸을 숨기는 경향이 있다.
③ 화염, 연기에 대한 공포감으로 발화지점의 반대방향으로 이동하는 경향이 있다.
④ 화재시 최초로 행동을 개시한 사람을 따라 전체가 움직이는 경향이 있다.

13

화재에 대한 건축물의 소실정도에 따른 화재형태를 설명한 것으로 옳지 않은 것은?

> ㄱ. 전소: 한 면당 면적이 10[㎡]인 건축물에서 50[㎡]가 소실된 경우
> ㄴ. 반소: 입체면적이 150[㎡]인 건축물에서 105[㎡]가 소실된 경우
> ㄷ. 부분소: 한 면당 면적이 5[㎡]인 건축물에서 6[㎡]가 소실되어 재사용이 불가능한 경우

① ㄱ, ㄴ
② ㄱ, ㄷ
③ ㄴ, ㄷ
④ ㄱ, ㄴ, ㄷ

14

할로겐화합물 소화약제 중 HCFC BLEND A의 구성으로 옳은 것은?

① $CHCl_2CF_3$: 9.5%
② $CHClF_2$: 82%
③ $CHClFCF_3$: 3.75%
④ $C_{10}H_{16}$: 82%

15

소화 및 소화약제에 대한 설명으로 옳지 않은 것은?

① 유류탱크 화재 시 이산화탄소 소화약제를 사용할 경우 냉각효과를 나타낼 수 있다.
② 포소화약제의 고팽창의 경우 저팽창보다 점착성이 부족하여 바람에 대한 저항력이 약하다.
③ 금속화재용 분말 소화약제는 불꽃을 제거하는 것이 아닌 금속표면을 덮어 산소의 공급을 차단하거나 온도를 낮추는 것이 주 소화원리이다.
④ 제3종 분말소화약제는 약제 분해 시 오르소인산에 의해 연소면에 유리피막이 형성되므로 일반화재에서도 사용이 가능하다.

16

특수가연물을 저장 및 취급하는 기준으로 옳지 않은 것은?

① 실외에 쌓아 저장하는 경우 쌓는 부분이 대지경계선, 도로 및 인접 건축물과 최소 9m 이상 간격을 두어야 한다.
② 특수가연물 표지의 규격은 한 변의 길이 0.3m 이상, 다른 한 변의 길이 0.6m 이상인 직사각형으로 한다.
③ 쌓는 부분 바닥면적의 사이는 실외의 경우 3미터 또는 쌓는 높이 중 큰 값 이상으로 간격을 두어야 한다.
④ 특수가연물을 저장 또는 취급하는 장소에는 품명, 최대저장수량, 단위부피당 질량 또는 단위체적당 질량, 관리책임자 성명·직책, 연락처 및 화기취급의 금지표시가 포함된 특수가연물 표지를 설치해야 한다.

17

(ㄱ) 정상 상태에서 방수구를 막고 있는 감열체가 일정한 온도에서 자동적으로 파괴·용해 또는 이탈됨으로써 방수구가 개방되는 스프링클러 헤드를 가지고 있는 것과 (ㄴ) 오동작을 줄이기 위한 회로의 감지기를 가지고 있는 것으로 연결이 옳은 것은?

	(ㄱ)	(ㄴ)
①	습식	부압식
②	건식	일제살수식
③	일제살수식	준비작동식
④	준비작동식	습식

18

「화재조사 및 보고규정」상 화재조사에 관한 내용으로 옳지 않은 것은?

① 건물 등 자산에 대한 최종잔가율은 건물·부대설비·구축물·가재도구는 10%로 하며, 그 이외의 자산은 20%로 정한다.
② 화재조사관은 화재발생 사실을 인지하는 즉시 화재조사를 시작해야 한다.
③ 조사관은 그 직무를 이용하여 관계인등의 민사분쟁에 개입해서는 아니 된다.
④ 발화일시의 결정은 관계인 등의 화재발견 상황통보(인지)시간 및 화재발생 건물의 구조, 재질 상태와 화기취급 등의 상황을 종합적으로 검토하여 결정한다.

19
인화점, 연소범위, 발화점에 대한 설명으로 옳지 않은 것은?

① 인화점(하부 인화점)은 가연성 액체의 증기농도가 연소범위의 하한에 있을 때의 액체의 온도로써 공기 중에서 착화원의 존재 시 발화가 일어날 수 있는 액체의 최저온도를 인화점이라 한다.
② 연소점이란 연소상태가 계속될 수 있는 온도를 말하며, 일반적으로 인화점보다 대략 10℃ 정도 높은 온도로서 연소상태가 5초 이상 유지될 수 있는 온도이다. 이것은 연소속도가 가연성 증기 발생속도보다 빠를 때 이루어진다.
③ 인화점을 유도발화점으로도 표현할 수 있다.
④ 발화점이란 외부의 직접적인 점화원이 없이 가열된 열의 축적에 의하여 발화가 되고 연소가 되는 최저의 온도를 말한다.

20
일산화탄소의 위험도 값은? (단, 하한계는 12.5[%]이며, 연소범위의 상·하한 폭은 61.5[%]이다)

① 4.92
② 5.12
③ 3.67
④ 12.33

21
소방조직의 기본원리 중 조직의 업무를 성질별로 나누어 조직구성원에 한 가지의 주된 업무를 전담시킴으로써 조직의 능률을 향상시키는 원리는 무엇인가?

① 계층제의 원리
② 기능의 원리
③ 조정의 원리
④ 통솔범위의 원리

22
2급 응급구조사가 할 수 있는 업무로 옳은 것은?

① 인공호흡기를 이용한 호흡의 유지
② 기도기의 삽입
③ 정맥로의 확보
④ 자동심장충격기를 이용한 규칙적 심박동의 유도

23
「재난 및 안전관리 기본법」상 특별재난지역의 선포에 관한 내용으로 옳지 않은 것은?

① 중앙대책본부장은 대통령령으로 정하는 규모의 재난이 발생하여 국가의 안녕 및 사회질서의 유지에 중대한 영향을 미치거나 피해를 효과적으로 수습하기 위하여 특별한 조치가 필요하다고 인정하거나 지역대책본부장의 요청이 타당하다고 인정하는 경우에는 중앙위원회 심의를 거쳐 해당 지역을 특별재난지역으로 선포할 것을 대통령에게 건의할 수 있다.
② 특별재난지역의 선포를 건의 받은 대통령은 해당 지역을 특별재난지역으로 선포할 수 있다.
③ 지역대책본부장은 관할지역에서 발생한 재난으로 인하여 특별재난지역의 선포에 관한 사유가 발생한 경우에는 대통령에게 특별재난지역의 선포 건의를 요청할 수 있다.
④ 중앙위원회의 심의를 거쳐 결정하여야 한다.

24
「재난 및 안전관리 기본법」상 국가재난안전관리에 있어서 중앙안전관리위원회의 기능으로 옳지 않은 것은?

① 재난 및 안전관리에 관한 중요 정책에 관한 사항 심의
② 재난 및 사고의 예방사업 추진에 관한 사항 심의
③ 재난사태 및 특별재난지역 선포에 관한 사항 심의
④ 재난 및 안전관리기술 종합계획의 심의

25

「재난 및 안전관리 기본법」상 재난관리 단계와 주요 내용으로 옳은 것은?

① 예방 – 재난방지시설의 관리
② 대비 – 재난안전분야 종사자 교육
③ 대응 – 특별재난지역 선포
④ 복구 – 위험구역 설정

SIMPLE
DETAIL

2024년도 메가소방 공개경쟁채용시험 필기시험 답안지

2024년도 메가소방 공개경쟁채용시험 필기시험 답안지

SIMPLE
DETAIL

SIMITAIL

2024 소방직 공채·경채 대비

심승아 심플 디테일 소방학개론

**심의 한 수
파이널 모의고사** | 정답 해설

메가 소방

SIMVITAIL

심승아 심플 디테일 소방학개론

심의 한 수
파이널 모의고사

[정답 해설]

한눈에 보는 정답

제 01 회 소방학개론 모의고사

01	②	02	③	03	③	04	②	05	④
06	①	07	①	08	①	09	③	10	④
11	③	12	①	13	①	14	①	15	①
16	③	17	③	18	①	19	②	20	②
21	③	22	④	23	①	24	②	25	③

제 02 회 소방학개론 모의고사

01	③	02	④	03	③	04	②	05	④
06	②	07	③	08	②	09	③	10	②
11	②	12	③	13	④	14	③	15	④
16	③	17	③	18	③	19	④	20	③
21	②	22	②	23	②	24	②	25	①

제 03 회 소방학개론 모의고사

01	②	02	①	03	③	04	③	05	①
06	③	07	①	08	②	09	④	10	①
11	④	12	①	13	③	14	②	15	②
16	①	17	①	18	④	19	④	20	②
21	①	22	③	23	④	24	③	25	③

제 04 회 소방학개론 모의고사

01	④	02	①	03	①	04	②	05	③
06	③	07	②	08	③	09	④	10	①
11	④	12	③	13	①	14	③	15	①
16	①	17	②	18	①	19	②	20	④
21	④	22	②	23	②	24	③	25	②

제 05 회 소방학개론 모의고사

01	②	02	①	03	④	04	④	05	③
06	②	07	③	08	②	09	④	10	②
11	①	12	①	13	②	14	①	15	①
16	③	17	①	18	①	19	②	20	②
21	②	22	①	23	②	24	②	25	①

제 06 회 소방학개론 모의고사

01	③	02	④	03	②	04	①	05	①
06	①	07	③	08	②	09	②	10	①
11	②	12	②	13	②	14	③	15	③
16	①	17	③	18	③	19	①	20	①
21	②	22	②	23	②	24	④	25	③

제 07 회 소방학개론 모의고사

01	②	02	④	03	①	04	③	05	②
06	②	07	③	08	③	09	②	10	②
11	④	12	③	13	③	14	④	15	②
16	①	17	②	18	①	19	④	20	①
21	②	22	②	23	①	24	③	25	②

제 08 회 소방학개론 모의고사

01	①	02	④	03	③	04	④	05	①
06	④	07	③	08	④	09	④	10	①
11	②	12	①	13	①	14	②	15	④
16	②	17	①	18	①	19	②	20	①
21	②	22	④	23	③	24	④	25	①

해설편

SIMPLE DETAIL

제 01 회 소방학개론 모의고사

01	②	02	③	03	③	04	②	05	④
06	①	07	①	08	①	09	③	10	④
11	③	12	③	13	①	14	①	15	①
16	③	17	②	18	①	19	②	20	②
21	③	22	③	23	①	24	②	25	③

01 ② — LINK 이론서 26p

• 가연물이 될 수 없는 물질

구분	종류
완전산화물질	물(H_2O), 이산화탄소(CO_2), 산화알루미늄(Al_2O_3), 오산화인(P_2O_5), 삼산화크롬(CrO_3), 규조토(산화규소)(SiO_2), 삼산화황(SO_3) 등
0족(18족)의 불활성 기체	헬륨(He), 네온(Ne), 아르곤(Ar), 크립톤(Kr), 크세논(Xe), 라돈(Rn) 등
산화흡열반응 물질	질소(N_2) 또는 질소산화물
자체가 연소하지 않는 물질	돌, 흙 등

선지체크

ㄹ. 일산화탄소는 공기보다 가벼운 무색, 무취인 유독성 가스로 **가연성 물질**이며 불완전연소 시 발생하는 가스이다.

02 ③ — LINK 이론서 48p

③ 암모니아는 **수지류, 나무 등 질소 함유물이 연소할 때 발생하는 연소생성물**로 상업용, 공업용 냉동시설의 냉매로 많이 사용한다.
→ 합성수지인 불소수지가 연소하는 경우 불화수소가 발생한다.

⊕ 추가학습

연소가스

구분	내용	허용농도
일산화탄소 (CO)	① 공기보다 가벼운 무색, 무취인 유독성 가스 ② 상온에서 염소와 작용하여 포스겐($COCl_2$)을 생성한다. ③ 가연성 물질이며 불완전연소 시 발생 ④ 헤모글로빈과 결합하여 인체 내 산소 공급을 방해	50ppm
이산화탄소 (CO_2)	① 공기보다 무거운 무색, 무취인 가스 ② 불연성 물질이며 완전연소 시 발생 ③ 독성은 거의 없으나 호흡속도를 증가	5,000 ppm
암모니아 (NH_3)	① 수지류, 나무 등 질소 함유물이 연소할 때 발생 ② 자극성이 강한 무색의 유독성 기체 ③ 상업용, 공업용 냉동시설의 냉매로 많이 사용	25ppm
황화수소 (H_2S)	① 황을 포함한 유기화합물의 불완전연소로 발생 ② 계란 썩는 냄새가 후각을 마비	10ppm
시안화수소 (HCN)	① 질소성분을 가진 합성수지, 인조견, 모직물 등 섬유가 불완전연소 할 때 발생 ② 헤모글로빈과 결합하지 않고 질식을 유발 ③ 무색의 맹독성, 가연성 가스이며 청산가스라고 불림	10ppm
아황산가스, 이산화황 (SO_2)	① 황을 포함한 유기화합물의 연소 시 발생 ② 무색이며 유독성으로 눈 및 호흡기 등의 점막에 손상	5ppm
이산화질소 (NO_2)	① 질산셀룰로오스, 폴리우레탄 등이 불완전연소할 때 발생하는 연소생성물 ② 붉은 빛이 도는 갈색의 기체 ③ 흡입 시 인후의 감각신경이 마비	1ppm
염화수소 (HCl)	① 염소성분이 함유되어 있는 염화비닐수지(PVC), 전선의 피복, 배관이 연소할 때 발생 ② 금속에 대한 강한 부식성 ③ 유독성물질로 독성가스로 취급	5ppm
취화수소 (HBr)	① 방염수지류 등이 연소할 때 발생 ② 유독성물질로 독성가스 ③ 상온, 상압에서 무색의 자극성 기체로 물에 잘 용해	5ppm
불화수소 (HF)	① 합성수지인 불소수지가 연소할 때 발생 ② 부식성, 인화성, 폭발성 가스를 발생 ③ 무색의 자극성 기체, 유독성	3ppm
아크로레인 (CH_2CHCHO)	① 석유제품, 유지류 등이 연소할 때 발생 ② 자극적인 냄새가 나는 무색의 액체 또는 기체 물질 ③ 독성이 큰 맹독성 물질	0.1ppm
포스겐 ($COCl_2$)	① 열가소성수지인 폴리염화비닐(PVC), 수지류 등이 연소할 때 발생 ② 사염화탄소(CCl_4) 사용 시 발생 ③ 독성이 큰 맹독성 물질	0.1ppm

03 ③ — LINK 이론서 34p

③ 증기압이란 액체 또는 고체에서 증발하는 압력을 말한다. 증기압이 높다는 것은 증발이 잘 된다(가연성 혼합기체 형성이 잘된다)는 것을 의미하므로 증기압이 높을수록 위험해진다.
연소열이란 어떤 물질 1몰 또는 1g이 완전연소시 발생하는 열량이다.

선지체크

① 온도가 높을수록, **인화점과 발화점이 낮을수록** 위험하다.
 - 인화점: 가연물에 점화원을 가했을 때 연소할 수 있는 최저온도
 - 발화점: 점화원 없이 스스로 발화할 수 있는 최저온도
② 증발열, 비열, 비중이 **작을수록** 위험하다.
 - 증발(잠)열: 어떤 물질이 기화할 때 외부로부터 흡수하는 열량
 - 비열: 어떤 물질 1g을 온도 1℃ 올리는 데 필요한 열량

- 따라서 작은 열량만으로 쉽게 기화 및 온도가 올라가기 때문에 위험하다.
④ **표면장력이 작을수록**, 연소범위가 넓을수록 위험하다.
  - 표면장력: 액체의 표면이 수축하여 작은 면적을 취하려는 힘의 성질

➕ 추가학습
물질의 위험성을 나타내는 성질
① 온도가 높을수록
② 연소속도가 빠를수록
③ 연소범위가 넓을수록
④ 증기압이 높을수록
⑤ 연소열이 클수록
⑥ 인화점, 발화점, 비점, 융점이 낮을수록
⑦ 증발열, 비열이 작을수록
⑧ 비중이 작을수록
⑨ 표면장력이 작을수록

---

04 ② 　　LINK 이론서 79p

② 증기운의 크기가 커질수록 표면적이 넓어지기 때문에 착화확률이 높아지게 되고, 풍속이 낮아 증기운이 잘 확산되지 않는 경우에는 증기운의 피해가 더 커진다.

✅ 선지체크
③ 가연성 증기가 난류형태로 발생한 경우 공기와의 혼합이 더욱 잘 되기 때문에 폭발의 충격이 더 커진다.
④ 증기운 폭발이란 가연성 가스 및 증기가 대기중의 공기와 혼합기체를 형성한 후 점화원에 의해 폭발이 발생하는 것으로 예혼합에 대한 모습을 나타내는 것이다.

➕ 추가학습
증기운 폭발(UVCE)

구분	내용
정의	대량의 가연성 가스가 대기 중에 유출되거나 대량의 가연성 액체가 유출되면 그것으로부터 발생하는 가연성 증기가 공기와 혼합기체를 형성하고 점화원에 의해 폭발이 일어나는 현상
특징	① 증기와 공기의 난류혼합은 폭발력을 증가시킨다. ② 증기의 누출점으로부터 먼 지점에서의 착화는 폭발의 충격을 증가시킨다. ③ 주로 폭발로 인한 피해보다는 화재에 의한 재해형태를 보인다. ④ 일반적으로 폭연에 의한 현상이며, 전파속도가 매우 빨라져야 폭굉으로 전이될 수 있다. ⑤ 풍속이 낮아 증기운이 잘 확산되지 않는 경우에 바닥에 체류하여 증기운을 형성하기 때문에 더욱 피해가 심각하다. 배관이나 탱크에서 누출된 후 증기운을 형성하기 위해서는 바닥에 체류하여야 한다.
방지대책	① 위험물질의 재고량을 낮게 유지 ② 위험물질의 누출을 방지 ③ 가스누설 검지기를 설치 ④ 자동차단밸브를 설치하여 누설 시 초기에 시스템을 정지

---

05 ④ 　　LINK 이론서 33p

④ 탄화수소계에서 분자구조가 복잡해질수록 **연소범위가 좁아지고**, 위험도는 증가한다.

✅ 선지체크
① 위험도(H) = $\dfrac{\text{연소상한계(UFL)} - \text{연소하한계(LFL)}}{\text{연소하한계(LFL)}}$

　　　 = $\dfrac{\text{연소범위}}{\text{연소하한계}}$

③ 물질별 위험도
  - 고체: 발화점
  - 액체: 인화점
  - 기체: 연소범위

➕ 추가학습
파라핀계 탄화수소의 탄소수 증가에 따른 변화
① 연소범위의 상·하한계가 낮아진다.
② 연소범위가 좁아진다.
③ 위험도가 높아진다.
④ 인화점과 비점이 높아진다.
⑤ 발화점이 낮아진다.
⑥ 증기압이 감소한다.
⑦ 발열량이 증가한다.

---

06 ① 　　LINK 이론서 50~51, 119p

① 밀폐된 건물의 실내에서 화재 발생 시 실내의 압력은 높아지며, 연소과정에서 산소는 계속 소진되므로 **산소분압은 낮아진다**.

✅ 선지체크
② 일반적으로 밀폐된 건축물에서 화재가 발생할 경우 연료지배형화재(산소충분) → 환기지배형화재(산소부족)의 모습을 나타낸다.
③ 연소생성물(연기, 연소가스 등)이 증가한다.
④ 연기의 유동(부력): 화재 시 온도상승으로 인한 부피는 팽창하고, 밀도는 감소하므로 연기를 이동시킬 수 있다.

---

07 ① 　　LINK 이론서 209, 211p

① 대형소화기의 경우 **60[L] 이상**으로 충전해야 한다.

- **대형소화기 충전량**

소화기 종류	충전량
포 소화기	20[L] 이상
분말 소화기	20[kg] 이상
할로겐화합물 소화기	30[kg] 이상
이산화탄소 소화기	50[kg] 이상
강화액 소화기	60[L] 이상
물 소화기	80[L] 이상

✅ 선지체크
② ③ 강화액 소화기는 물에 탄산염류와 같은 알칼리금속염류 등을 첨가한 액체에 압축공기 또는 질소가스를 축압하여 만든다. 어는점이 -20[℃] 이하로 낮기 때문에 한랭지역에서도 사용이 가능하다.

④ 강화액은 물이 갖는 냉각·질식효과와 첨가제가 갖는 부촉매효과를 합한 효과를 가지고 있다.

> ➕ 추가학습
>
> **강화액 소화약제**
> ① 물의 소화력 증가, 한랭지역에서 사용가능
> ② 부촉매 효과 O
> ③ A급에 사용, 무상일 경우 B, C급 가능
> ④ 약제: 탄산칼륨, 인산암모늄 등

08 ①   LINK 이론서 120p

① 개구부 크기(단면적), 개구부 높이의 제곱근에는 비례하고 실내의 전체 표면적과는 반비례한다. 실내의 전체 표면적이 작아야(작은 건축물) 실내에 온도가 더 빨리 축적되므로 온도가 빠르게 상승하게 된다.

온도인자	시간인자
$\dfrac{A\sqrt{H}}{A_T}$	$\dfrac{A_F}{A\sqrt{H}}$
(A_T: 실내 전 표면적)	(A_F: 바닥면적)
① 구획실 화재 온도상승 정도를 결정	① 구획실 화재 지속시간을 결정
② 환기요소 ↑ ▶ 유입되는 공기량 ↑ ▶ 연소속도 ↑ ▶ 최고온도 ↑	② 환기요소 ↑ ▶ 유입되는 공기량 ↑ ▶ 연소속도 ↑ ▶ 지속시간 ↓

09 ③   LINK 이론서 44p

③ 가스의 조성이 균일하지 못할 때 불완전연소한다.

> ➕ 추가학습
>
> **불완전연소의 원인**
> ① 공기의 공급량(산소량)이 부족할 때(환기재배형 화재일 때)
> ② 연소생성물의 배기량이 불량할 때
> ③ 가스의 조성이 균일하지 못할 때(공급되는 가연물의 양이 많을 때)
> ④ 주위의 온도가 낮을 때

10 ④   LINK 이론서 37~38p

④ 자연발화를 방지하기 위해서 저장실의 온도를 낮게 유지하며, 공기 중 **습도가 높지 않게 건조함을 유지**하여 열축적을 방지해야 한다.
→ 일정 수분은 촉매역할을 하기 때문에 자연발화가 더 잘 일어난다.

> ➕ 추가학습
>
> **자연발화**
>
> | 구분 | 내용 |
> |---|---|
> | 정의 | 외부의 점화원 없이(인위적인 에너지 공급 없이) 일정한 장소에 장시간 저장하면 가연물 내부에서 발생된 열의 축적에 의해 발화점에 도달하여 부분적으로 발화되는 현상 |
> | 열 종류 | ① 산화열: 기름걸레, 황린, 석탄, 건성유 등
② 분해열: 아세틸렌, 산화에틸렌, 셀룰로이드, 니트로셀룰로오스 등
③ 흡착열: 목탄, 활성탄 등
④ 중합열: 산화에틸렌, 시안화수소 등
⑤ 발효열(미생물열): 먼지, 거름, 곡물, 퇴비 등 |
> | 조건 | ① 온도 ↑
② 수분: 일정 수분은 촉매역할을 하여 반응속도 ↑
③ 발열량이 ↑
④ 표면적이 ↑
⑤ 통풍(공기유통) ↓
⑥ 열전도 ↓
⑦ 동식물유류: 요오드 값이 ↑
⑧ 휘발성 ↓ |
> | 방지대책 | ① 열축적 방지(통풍, 환기)
② 주위온도 낮게 유지
③ 습도 높지않게 건조함 유지 |

11 ③   LINK 이론서 27p

③ 에탄올(C_2H_5OH) 완전연소반응식
   $2C_2H_5OH + 6O_2 \rightarrow 4CO_2 + 6H_2O$
   → 6 + 4 + 6 = 16

12 ③ LINK 이론서 81p

③ 폭굉은 화염면에서 온도(상승), 압력(상승), 밀도(증가)가 **불연속적**인 모습을 보인다.
→ 폭연의 화염면에서 온도, 압력, 밀도가 연속적이다.

구분	폭연 (Deflagration)	폭굉, 폭효 (Detonation)
속도	① 음속 이하 ② 아음속: 0.1~10[m/s]	① 음속 이상 ② 초음속: 1,000~3,500[m/s]
충격파	X	O
압력 증가	① 수[atm] (초기압력 10배 이하) ② 정압	① 폭연의 10배 이상 ② 정압 + 동압
에너지 전달	전도, 대류, 복사 (물질전달속도)	충격파
화염면	온도, 압력, 밀도 연속적	온도, 압력, 밀도 불연속적
특징	① 공기의 난류확산에 영향을 받는다. ② 폭굉으로 전이가 가능하다. ③ 화재로의 파급효과가 크다.	-

✅ 선지체크

④ 관속에 방해물이 있거나 관경이 가늘수록 폭굉유도거리는 짧아진다.

➕ 추가학습

폭굉 유도거리(DID: Detonation Inducement Distance)
① 정상의 연소속도가 큰 혼합가스일수록
② 관속에 방해물이 있거나 관경이 가늘수록
③ 압력이 높을수록
④ 점화원 에너지가 강할수록
⑤ 주위온도가 높을수록

13 ① LINK 이론서 180p

① 유황은 순도가 **60중량퍼센트 이상인 것**을 말한다. 이 경우 순도측정에 있어서 불순물은 활석 등 불연성물질과 수분에 한한다.

➕ 추가학습

제2류 위험물(가연성 고체)
고체로서 화염에 의한 발화의 위험성 또는 인화의 위험성을 판단하기 위하여 고시로 정하는 시험에서 고시로 정하는 성질과 상태를 나타내는 것

품명		지정 수량	위험 등급
황화린			
적린		100kg	2
유황	순도 60[wt%] 이상인 것. 순도측정에 있어서 불순물은 활석 등 불연성 물질과 수분에 한함		
철분	철의 분말로서 53[μm]의 표준체를 통과하는 것이 50[wt%] 미만 제외		
금속분	① 알칼리금속·알칼리토류금속·철 및 마그네슘 외의 금속의 분말 ② 구리분·니켈분 및 150[μm]의 체를 통과하는 것이 50[wt%] 미만 제외	500kg	3
마그네슘	① 2mm의 체를 통과하지 아니하는 덩어리 상태 제외 ② 직경 2mm 이상의 막대 모양 제외		
인화성 고체	고형알코올 그 밖에 1기압에서 인화점이 섭씨 40[℃] 미만인 고체	1,000 kg	

14 ① LINK 이론서 168p

㉠ 지구온난화지수(GWP: Global Warming Potential)
지구온난화에 얼마나 영향을 미치는지를 측정하는 지수

$$GWP = \frac{어떤\ 물질\ 1kg에\ 의한\ 지구온난화\ 정도}{CO_2\ 1kg에\ 의한\ 지구온난화\ 정도}$$

㉡ 오존파괴지수(ODP: Ozone Depletion Potential)
어떤 화합물질의 오존파괴 정도를 숫자로 표현한 것

$$ODP = \frac{어떤\ 물질\ 1kg에\ 의해\ 파괴되는\ 오존량}{CFC-11\ 1kg에\ 의해\ 파괴되는\ 오존량}$$

→ CFC-11(CCl_3F): 삼염화불화탄소

➕ 추가학습

- 오존파괴지수(ODP) 기준물질: 삼염화불화탄소 CFC-11(CCl_3F)
- 지구온난화지수(GWP) 기준물질: 이산화탄소(CO_2)
- 대기잔존시간(ALT): 물질이 방사된 후 대기권 내에서 분해되지 않고 체류하는 잔류기간
- 최대허용설계농도(NOAEL): 농도를 증가시킬 때 악영향을 감지할 수 없는 최대농도
- 최소허용설계농도(LOAEL): 농도를 감소시킬 때 악영향을 감지할 수 있는 최소농도

15 ① LINK 이론서 178, 188p

ㄱ. 인화성고체 - 제2류 위험물 - 냉각소화
ㄴ. 유황 - 제2류 위험물 - 냉각소화
ㄹ. 알코올류 - 제4류 위험물 - 희석소화

✅ 선지체크

ㄷ. 황화린은 물과 접촉시 유독성 가스인 황화수소(H_2S)가 발생하므로 건조사(마른 모래, 팽창질석, 팽창진주암 등)에 의한 질식소화한다.
ㅁ. **칼슘은 제3류 위험물인 알칼리토금속**으로 주수소화 시 가연성 가스(수소)가 발생하므로 질식소화한다.
ㅂ. **과산화나트륨(무기과산화물)**은 제1류 위험물로 주수소화 시 산소를 발생하므로 질식소화한다.

16 ③   LINK 이론서 208p

③ 소화활동설비란 화재를 진압하거나 인명구조활동을 위하여 사용하는 설비를 말한다.
  종류: **제연설비, 연결송수관설비, 연결살수설비**, 비상콘센트설비, **무선통신보조설비**, 연소방지설비

⊙ 선지체크

ㄱ, ㄷ, ㅁ, ㅅ은 소화설비에 해당한다.

소화설비: 소방시설 중 물 또는 그 밖의 소화약제를 사용하여 소화하는 기계·기구
1. 소화기구: 소화기, 간이소화용구(에어로졸식, **투척용**, 소공간용 및 소화약제 외의 것을 이용한 간이소화용구), 자동확산소화기
2. 자동소화장치: 주거용, 상업용, 캐비닛형, 가스, 분말, 고체에어로졸
3. **옥내소화전설비**(호스릴옥내소화전설비 포함)
4. 스프링클러설비등: **스프링클러설비**, 간이스프링클러설비(캐비닛형 포함), 화재조기진압용 스프링클러설비
5. 물분무등소화설비: 물 분무, 미분무, **포**, 이산화탄소, 할론, 할로겐화합물 및 불활성기체, 분말, 강화액, 고체에어로졸
6. 옥외소화전설비

17 ③   LINK 이론서 258p

③ R형 수신기는 감지기나 발신기로부터 발생한 신호를 중계기를 통하여 각 회선마다 **고유신호**로 수신하는 방식으로 P형에 비하여 **선수가 적다.**

• 수신기

구분	P형 수신기	R형 수신기
신호전송 방식	개별신호방식 (1:1접점방식)	다중전송방식
신호형태	공통신호	고유신호
화재표시	적색 램프	액정표시(LCD)
경제성	설비는 저렴 공사비 고가	설비는 고가 공사비 저렴
회로 증설·변경	어려움	쉬움
건물 크기	중·소형	대형
유지관리	어려움	쉬움

⊙ 선지체크

④ P형 1급 수신기: 화재표시 동작, 감지기 배선 도통시험, 상용전원 및 비상전원 간의 전환 등이 가능하며 회로수에 제한이 없다.
  P형 2급 수신기: P형 1급의 구조와 거의 같으나 회선수가 5회선 이하이다.

18 ①   LINK 이론서 151p

① 물분무소화설비는 스프링클러설비와 유사하나 스프링클러설비는 물을 빗방울과 같이 큰 입자(적상, 평균직경이 0.5~6[mm])의 형태이고, 물분무소화설비는 분무헤드로부터 안개모양의 형태(무상, 평균 직경이 0.1~1[mm])로 미세하게 분무된다. 봉상·적상보다 표면적이 커서 질식 및 냉각의 효과가 좋지만 **파괴주수의 효과가 크지는 않다.**

⊕ 추가학습

주수방법

구분	내용
봉상	긴 봉의 형태 ex) 옥내소화전설비, 옥외소화전설비, 연결송수관설비 등
적상	물방울 형태 ex) 스프링클러설비, 연결살수설비 등
무상	① 안개모양 형태 ② 유류화재(B급), 전기화재(C급)에도 사용이 가능 ex) 물분무·미분무 소화설비 등

19 ②   LINK 이론서 295~299p

ㄱ. 소방을 소재라고 부르기 시작했다. (**고려시대**)
ㄴ. 상시로 다스릴 일이 없는데 모두 설립되어 있어 폐단만 있으니 '병합하자'는 주장이 있어 성문도감과 금화도감을 합쳐 수성금화도감으로 하고 공조에 속하게 했다. (**조선시대 세종 8년 6월**)
ㄹ. 1909년에 수도급수규칙을 제정하면서 수도의 개설로 소화전이 설치되었다. (**갑오개혁 이후**)
ㄷ. 1912년: 스웨덴산 휘발유펌프 1대 구입하였다. (**일제강점기**)
ㅁ. 일제 말기까지 5개 소방서(북한의 3서 제외)에 불과하였으나 자치소방체제로 전환된 후에는 50여개로 증설되었다. (**미군정시대**)

20 ②   LINK 이론서 351p

② 응급환자 – **수시간 이내** 응급처치를 요구하는 환자

• 중증도 분류(Triage 분류)

분류	색깔	심벌	증상
긴급환자	적색	토끼	① 생명이 위험한 상태로 즉각적인 조치가 필요한 상태 ② 수 분, 수 시간 이내 응급처치를 요구하는 중증환자
응급환자	황색	거북이	① 생명에는 큰 지장이 없는 부상 상태로 조치가 조금 지체되어도 상관없는 상태 ② 수 시간 이내 응급처치를 요구하는 환자
비응급환자	녹색	X표시	① 구급을 이송할 필요가 없는 경상인 상태 ② 수 시간, 수일 후 치료해도 생명에 지장이 없는 환자
지연환자	흑색	십자가 표시	① 사망 또는 구명 불가능한 상태

21 ③   이론서 54~55p

ㄴ. 복사는 **매질없이 전자파 형태로 열을 전달**하는 것으로 화염으로 인해 소방관이 멀리 떨어져 소화활동을 하였다는 것을 통해 뜨거운 복사열이 전달되었음을 알 수 있다.

ㄷ, ㄹ. 전도란 온도상승에 따라 물질 내 분자운동이 활발해져 분자 간의 충돌이 많아짐에 따라 **에너지가 인접 분자로 전달되는 방법**으로 방바닥과 발의 접촉, 밥과 고구마의 직접적인 접촉으로 열이 전달되었다.

선지체크

ㄱ. **대류**: 천장이 높은 건물의 경우에는 화재초기에 감지기가 작동하지 않는다.

추가학습

열전달 형태

구분	내용
전도	① 고체 또는 정지상태의 유체 내에서 매질을 통한 열전달 방법 ② 분자 간의 충돌로 인접 분자로 에너지 전달 ③ 자유전자의 이동으로 에너지 전달 ④ 일반적으로 화재초기단계의 열전달 ⑤ 압력이 낮으면 열전도는 느림 ⑥ 진공 상태에서는 열 전도 × ⑦ 푸리에 전도법칙(전도는 온도차와 면적에 비례, 두께는 반비례) $$Q = \frac{KA(T_2 - T_1)}{l}$$
대류	① 액체 또는 기체(유체)의 밀도차에 의한 분자들의 흐름을 통한 열전달 (온도차 → 밀도차 → 부력차) ② 천장이 높은 건물이 화재초기에 감지기가 작동하지 않은 원인 ③ 층류보다 난류일 때 열전달 용이 ④ 뉴턴의 냉각법칙(대류는 온도차와 면적에 비례) $$Q = hA(T_2 - T_1)$$
복사	① 매질 없이 전자파 형태로 열 전달(예: 태양열) ② 화재 시 열 이동에 가장 크게 작용 ③ 플래시오버에 큰 영향 ④ 진공상태에서도 손실 없이 열전달 가능, 일직선으로 이동 ⑤ 스테판-볼츠만 법칙(복사에너지는 절대온도 4제곱에 비례하고, 면적에 비례) $$Q = \sigma \epsilon A (T_2^4 - T_1^4)$$

22 ④   이론서 398, 484p

④ **긴급구조지원기관 및 자원봉사자** 등에 대한 임무의 부여
(「재난 및 안전관리 기본법」 제52조 제2항 제4호)

추가학습

긴급구조활동 지휘권자
① 시·군·구 긴급구조통제단장 (치안활동과 관련된 사항은 관할 경찰관서의 장과 협의)
② 시·도 긴급구조통제단장은 필요하다고 인정하면 직접 현장지휘를 할 수 있다.
③ 중앙통제단장은 대통령령으로 정하는 대규모 재난이 발생하거나 그 밖에 필요하다고 인정하면 직접 현장지휘를 할 수 있다.

현장지휘 사항
① 재난현장에서 인명의 탐색·구조
② 긴급구조기관 및 긴급구조지원기관의 긴급구조요원·긴급구조지원요원 및 재난관리자원의 배치와 운용
③ 추가 재난의 방지를 위한 응급조치
④ 긴급구조지원기관 및 자원봉사자 등에 대한 임무의 부여
⑤ 사상자의 응급처치 및 의료기관으로의 이송
⑥ 긴급구조에 필요한 재난관리자원의 관리
⑦ 현장접근 통제, 현장 주변의 교통정리, 그 밖에 긴급구조활동을 효율적으로 하기 위하여 필요한 사항

23 ①   이론서 382, 441p

① 해당사항 없음
기본계획의 사항: **재난에 관한 대책** / 생활안전, **교통안전**, 산업안전, 시설안전, 범죄안전, 식품안전, **안전취약계층 안전** 및 그 밖에 이에 준하는 안전관리에 관한 대책
(「재난 및 안전관리기본법」 제22조 제8항)

추가학습

안전관리계획
1. 국가안전관리기본계획 수립: 국무총리, 5년마다 수립
2. 기본계획 수립과정
   ① 국무총리 수립지침 작성
   ② 관계 중앙행정기관의 장에게 통보
   ③ 관계 중앙행정기관의 장이 수립지침에 따라 그 소관에 속하는 재난 및 안전관리업무에 관한 기본계획을 작성한 후 국무총리에 제출
   ④ 국무총리는 관계 중앙행정기관의 장이 제출한 기본계획을 종합하여 국가안전관리기본계획을 작성하여 중앙위원회 심의를 거쳐 확정

> • 기본계획의 사항
> ① 재난에 관한 대책
> ② 생활안전, 교통안전, 산업안전, 시설안전, 범죄안전, 식품안전, 안전취약계층 안전 및 그 밖에 이에 준하는 안전관리에 관한 대책

3. 집행계획 수립 등
관계 중앙행정기관의 장은 국가안전관리기본계획에 따라 그 소관 업무에 관한 집행계획을 작성하여 조정위원회의 심의를 거쳐 국무총리의 승인을 받아 확정

24 ② LINK 이론서 356p

② 자연재해를 **지구물리학적 재해와 생물학적 재해로 분류**하였다.

＋ 추가학습

존스의 재난분류

자연				준자연	인위
지구물리			생물	스모그현상 온난화현상 사막화현상 염수화현상 눈사태 산성화 홍수 토양침식 등	공해 광화학연무 폭동 교통사고 폭발사고 태업 전쟁 등
지질	지형	기상			
지진 화산 쓰나미 등	산사태 염수토양 등	안개, 눈 해일, 번개 토네이도 폭풍, 태풍 이상기온 가뭄 등	세균질병 유독식물 유독동물		

25 ③ LINK 이론서 301p

③ 일반직 공무원 → 별정직 공무원 → 특정직 공무원

◈ 선지체크

＋ 추가학습

소방공무원 신분 변천

구분	신분	
1949년 국가공무원법 제정	일반직공무원	
1969년 경찰공무원법 제정	경찰공무원	별정직공무원
1973년 지방소방공무원법 제정	국가직: 경찰공무원	별정직공무원
	지방직: 지방소방공무원	
1977년 소방공무원법 제정	소방공무원	별정직공무원
1983년 소방공무원법 제정	소방공무원	특정직공무원

제 02 회 소방학개론 모의고사

01	③	02	④	03	③	04	②	05	④
06	②	07	③	08	②	09	①	10	②
11	②	12	②	13	④	14	②	15	④
16	③	17	③	18	②	19	④	20	③
21	②	22	②	23	②	24	②	25	①

01 ③ LINK 이론서 35p

③ **발화점**이 낮아지기 위해서는 **습도가 낮아야 한다.**
→ 일정 수분은 촉매역할을 하여 반응속도를 가속시킨다.
따라서 **습도가 높을수록 자연발화가 쉽다.**

선지체크

① 식용유는 인화점과 발화점의 차이가 적고, 발화점이 비점(끓는점)보다 낮아 비점 이하의 온도에서도 액면상 증발을 통해 발화할 수 있다. 따라서 식용유 화재 시 소화 후에도 식용유의 온도가 발화점 이상인 상태라면 재발화할 수 있다.
② 열용량: 작은 열량으로 물질의 온도를 빠르게 상승시킬 수 있다.
열전도도: 열전도율이 낮을수록 열축적이 용이하다.
비점: 낮은 온도에도 쉽게 끓을 수 있다.

02 ④ LINK 이론서 48~50p

선지체크

① 시안화수소 – 질소성분을 가진 합성수지, 인조견, 모직물 연소 – 10ppm
② **아크로레인** – 석유제품, 유지류 연소 – 0.1ppm
  암모니아 – **수지류, 나무 등 질소 함유물 연소 – 25ppm**
③ 포스겐 – PVC, 수지류 연소 – 0.1ppm

03 ③ LINK 이론서 43p

ㄱ. 표면연소는 증발이나 열분해 없이 고체 표면에서 산소와 반응하여 물질 자체가 연소하는 현상이다. 예로 숯, 목탄, 코크스, 금속분 등이 있다.
ㄴ. 유염(불꽃)연소에 비해 불완전연소하여 일산화탄소가 발생할 가능성이 크다.
ㄷ. 열경화성수지는 열을 가한 후, 한 번 냉각하면 열을 가해도 또 다시 다른 모양으로 변형할 수 없는 성질을 가진 수지이다.
ㄹ. 표면연소는 불꽃이 없다.

선지체크

ㅁ. 표면연소는 불꽃이 없으므로 유염(불꽃)연소에 비해 방출열량이 적으며, **연소의 3요소로 발생하는 것으로 화학적소화가 불가능하다.**

04 ② LINK 이론서 123~125p

② 화염의 분출면적이 크고 복사열이 커서 접근하기 어렵다.

선지체크

① 목재는 수분이 적은 상태일수록 연소가 더 잘 된다. 그러나 수분함량이 15[%] 이상이면 고온을 장시간 접촉해도 착화가 어렵다. 습도가 낮을수록 연소확대가 빠르다.
③ 횡방향은 가로, 종방향은 세로를 말한다. 수평방향보다 수직방향의 연소확대가 빠르므로, 횡방향보다 종방향의 화재성장이 빠르다고 할 수 있다.
④ 접촉, 비화, 복사열에 의해 목조건축물의 화재가 확대될 수 있다.

05 ④ LINK 이론서 159p

④ 인화성 액체를 사용하는 엔진이 있는 장소에는 이산화탄소 소화설비를 설치할 수 있다.

추가학습

이산화탄소 소화설비의 적응대상
① 인화성 액체
② 변압기, 스위치, 회로차단기, 회전기기, 발전기 등의 전기설비
③ 일반가연물
④ 인화성액체를 사용하는 엔진이 있는 장소

이산화탄소 설치제외 (이산화탄소 소화설비 화재안전기준)
① 방재실·제어실 등 사람이 상시 근무하는 장소
② 니트로셀룰로스·셀룰로이드제품 등 자기연소성물질을 저장·취급하는 장소
③ 나트륨·칼륨·칼슘 등 활성금속물질을 저장·취급하는 장소
④ 전시장 등의 관람을 위하여 다수인이 출입·통행하는 통로 및 전시실 등

06 ② LINK 이론서 25~26p

② **연쇄반응을 수반**하여야 한다.

• 가연물이 되기 쉬운 조건

구분	내용
작을수록 연소용이	활성화 에너지, 점화에너지, 열전도도, 열용량, 인화점, 발화점, 비점, 비중, 최소산소농도, 한계산소지수, 수분함유량, 점성
클수록 연소용이	산소와 친화력, 표면적, 발열량(연소열), 온도, 압력, 연소범위, 건조도, 연소열, 화학적 활성도

07 ③   LINK 이론서 27p

• 프로판 1몰 완전연소반응식: $C_3H_8 + 5O_2 \rightarrow 3CO_2 + 4H_2O$
→ 프로판 2몰: $2C_3H_8 + 10O_2 \rightarrow 6CO_2 + 8H_2O$

08 ②   LINK 이론서 166~169p

② 할로겐화합물 소화약제는 액화시켜 저장하고 불활성기체 소화약제는 기체상태로 저장한다.

선지체크

① 불활성기체 소화약제는 헬륨(He), 네온(Ne), 아르곤(Ar), 질소(N_2) 중 하나 이상의 원소를 기본성분으로 하는 소화약제를 말한다.
③ 할로겐화합물 소화약제는 물리적 소화, 화학적 소화효과가 있으나 불활성기체 소화약제는 물리적 소화효과만 있다.
④ 사람이 상주하는 곳으로 최대허용설계농도를 초과하는 장소와 제3류 위험물 및 제5류 위험물을 사용하는 장소(소화성능이 인정되는 위험물은 제외)에서는 설치할 수 없다.

09 ①   LINK 이론서 186~187p

① 대부분 물보다 무거운 고체 또는 액체의 가연성 물질이다.

선지체크

④ 함산소물질: 유기과산화물, 질산에스테르류, 니트로화합물, 니트로소화합물

추가학습

제5류 위험물 특징
① 대부분 유기화합물(히드라진유도체: 무기화합물)로 가연성 액체 또는 고체
② 유기화합물 중 유기과산화물을 제외하고는 질소를 함유한 유기질소화합물
③ 물질자체가 산소를 함유하고 있어 외부의 산소 공급 없이 연소가능
④ 자기연소(내부연소)성 물질
⑤ 가연성 물질로 연소속도가 빠르고 폭발적 연소
⑥ 가열, 마찰, 충격에 의하여 폭발
⑦ 대부분 물에 잘 녹지 않으며 물과 반응하지 않는다.
⑧ 유기질소화합물은 불안정하여 분해가 용이하고, 공기 중 장시간에 걸쳐 분해열이 축적되면 자연발화하는 것도 있다.

10 ②   LINK 이론서 96p

② 화재 이외의 경우로 물이 고점도 유류 아래에서 비등할 때 탱크 밖으로 물과 기름이 거품과 같은 형태로 넘치는 현상은 프로스오버이다.

선지체크

① ③ 저장탱크에 화재가 장시간 진행되면 다성분 액체인 중질유는 끓는점이 달라 유류 중 가벼운 성분은 유류 표면층에서 증발하여 연소되고, 무거운 성분은 화염의 온도에 의해 가열·축적되어 고온의 열류층을 형성한다. 이 고온의 열류층을 열파(Heat Wave)라고 부른다.
④ 드레인 밸브란 저장탱크 또는 배관 등에 고여 있는 물이나 기름을 배출하기 위해서 설치되는 밸브(배수밸브)이다. 보일오버는 탱크 저부에 물 또는 에멀전이 있는 경우 발생하므로 드레인 밸브를 통해 고인 물 또는 에멀전을 제거하여 보일오버를 방지한다.

추가학습

액체 위험물에서 발생할 수 있는 재해 현상

구분		내용
보일 오버		① 뜨거운 열류층의 온도에 의해 탱크 저부의 물 또는 에멀전이 급작스럽게 부피팽창하여 불 붙은 기름을 탱크 밖으로 분출 ② 인근 시설로 화염이 확대되어 대규모 화재로 발전
	조건	① 다성분(다비점) ② 화재 장시간 지속(열류층 형성될 시간 필요) ③ 탱크 저부에 물 또는 에멀전 존재
	방지 대책	① 탱크 내의 내용물을 기계적 교반 ② 탱크 저부의 물을 배출
슬롭 오버		고온(100℃ 이상)의 액면에 물 분무 또는 포 소화설비를 방수하면 분사된 수분이 급격하게 증발하면서 유류를 탱크 밖으로 분출
프로스 오버		① 화재 수반 X ② 물이 고점도 유류 아래에서 비등할 때 탱크 밖으로 물과 기름이 거품과 같은 상태로 넘치는 현상
오일 오버		① 유류가 탱크 내용적의 50% 이하로 충전되어 있을 때 화재로 인해 증기압력 상승으로 유류를 외부로 분출하면서 탱크가 폭발 ② 보일오버, 슬롭오버, 프로스오버보다 위험성 ↑

11 ②   LINK 이론서 122p

ㄷ. 훈소란 공간이 밀폐되어 산소공의 부족으로 가연성 혼합기체가 생성되지 않으며, 불꽃 없이 타는 연소이다. 만약, 공기(산소)유입이 충족될 경우 불꽃연소로 전이가 가능하다.
ㄹ. 훈소 시 연기의 단층화 모습을 보인다.

선지체크

ㄴ. 훈소는 진행속도가 약 0.001~0.01[cm/s]인 느린 연소과정이다.

➕ **추가학습**

훈소(진행속도 약 0.001~0.01[cm/s])

구분	내용
정의	① 훈소는 작은 구멍이 많은(다공성) 가연성 물질의 내부에서 발생하는 것으로 불꽃이 없이 타는 연소 ② 유염착화에 이르기에는 온도가 낮거나 산소가 부족하여 화염이 없이 가연물의 표면에서 작열하며 소극적으로 연소 ③ 구획실 화재에서는 내부 산소 소진에 의해 종종 발생
특징	① 불완전연소 형태로 가연물의 10%가 일산화탄소로 변한다. ② 연기입자가 크며 액체 미립자가 다량 포함되어 있다. ③ 느린 연소과정으로 작열과 탄화현상이 일어난다. ④ 연쇄반응은 일어나지 않는다. ⑤ 불꽃연소에 비해 온도가 낮고 발연량은 높다. ⑥ 연기의 단층화 가능성이 있다. ⑦ 공기유입이 충족될 경우 불꽃연소로 전이가 가능하다.

12 ③ LINK 이론서 239p

③ 옥외소화전이 31개 이상인 경우 옥외소화전 **3개마다 1개 이상의 소화전 함을 설치**한다.

옥외소화전의 설치개수	소화전함의 설치개수
10개 이하	옥외소화전마다 5m 이내의 장소에 1개 이상 설치
11개 ~ 30개	11개 이상의 소화전 함을 각각 분산하여 설치
31개 이상	옥외소화전 3개마다 1개 이상의 소화전 함을 설치

✅ 선지체크

④ 350[L/min] × 2개 × 20분 = 14,000[L] = 14[m³]

➕ **추가학습**

옥외소화전설비

구분	내용
방수압력	0.25[MPa] 이상 0.7[MPa] 이하
방수량	350[L/min] 이상
토출량	350[L/min] × 옥외소화전 설치개수(최대 2개)
수원의 양	350[L/min] × 옥외소화전 설치개수(최대 2개) × 20분

13 ④ LINK 이론서 208p

④ 자동확산소화기란 화재를 감지하여 자동으로 소화약제를 방출 확산시켜 국소적으로 소화하는 소화기로 전체적으로는 맞는 선지이다. 하지만 문제에서 피난구조설비의 종류 및 내용을 물어봤으므로 **소화설비에 속하는 자동확산소화기가 옳지 않은 내용이다**.

• **자동확산소화기**

종류	설치장소
일반화재용 자동확산소화기	보일러실, 건조실, 세탁소, 대량화기취급소 등
주방화재용 자동확산소화기	음식점, 다중이용업소, 호텔, 기숙사, 의료시설, 업무시설, 공장 등의 주방
전기설비용 자동확산소화기	변전실, 송전실, 변압기실, 배전반실, 제어반, 분전반 등

➕ **추가학습**

피난구조설비

화재가 발생할 경우 피난하기 위하여 사용하는 기구 또는 설비
① 피난기구: 피난사다리, 구조대, 완강기, 간이완강기
② 인명구조기구: 방열복, 방화복(안전헬멧, 보호장갑, 안전화 포함), 공기호흡기, 인공소생기
③ 유도등: 피난유도선, 피난구유도등, 통로유도등, 객석유도등, 유도표지
④ 비상조명등 및 휴대용비상조명등

14 ③ LINK 이론서 154p

③ 제2종 기계포 팽창비는 팽창비 250배 이상 500배 미만이다.

구분		팽창비
저발포 (3, 6[%])		20배 이하
고발포 (1, 1.5, 2[%])	제1종 기계포	80배 이상 250배 미만
	제2종 기계포	250배 이상 500배 미만
	제3종 기계포	500배 이상 1,000배 미만

✅ 선지체크

➕ **추가학습**

팽창비

최종 발생한 포 체적을 원래 포 수용액의 체적으로 나눈 값을 말한다.

$$\text{팽창비} = \frac{\text{발포 후 포의 체적}}{\text{발포 전 포 수용액의 체적}}$$

15 ④ LINK 이론서 132p

④ 해당 출입문에는 60+방화문 또는 60분 방화문을 설치할 것

➕ 추가학습

방화벽(화재 발생 시 화염확산을 방지하기 위해 공간을 구획)

구분	내용
대상	주요구조부가 내화구조 또는 불연재료가 아닌 건축물로 연면적이 1,000[㎡] 이상인 건축물
기준	① 바닥면적 1,000[㎡] 이내마다 구획 ② 내화구조 ③ 방화벽의 양쪽·위쪽 끝 0.5[m] 이상 튀어 나오게 할 것 ④ 출입문 너비·높이는 각각 2.5[m] 이하, 60 + 방화문 또는 60분 방화문을 설치

16 ③ LINK 이론서 53p

③ 건물의 상부에 큰 개구부가 있다면 상부의 고온의 기체가 실외로 빠져나가기 때문에 중성대는 올라가게 되고, 건물의 하부에 큰 개구부가 있다면 공기가 유입되므로 중성대는 내려가게 된다.
- 중성대 상부 개방 시 중성대 위로 이동
- 중성대 하부 개방 시 중성대 아래로 이동

➕ 추가학습

중성대

건물 화재 시 온도가 상승함으로 부력에 의해 실의 위쪽으로 고온 기체가 축적되고 온도가 높아져 실내·외의 압력이 달라진다. 실의 상부는 실외보다 압력이 높고, 하부는 압력이 낮다. 그 사이 어느 지점에서 실내·외부의 정압이 같아지는데 그 부분을 중성대(면)라고 한다.
① 중성대는 건물의 내·외부의 압력이 같기 때문에 연기의 흐름이 가장 느리다.
② 중성대에서 실내·외의 압력차는 '0', 중성대에서 멀어질수록 압력차 ↑
③ 중성대 아래쪽에서 공기가 계속 유입되면 연소 확대와 동시에 연기량이 증가하게 되고 실의 상부 압력이 높아지며 중성대 ↓
④ 상층개구부를 개방하게 되면 연기가 외부로 배출되므로 중성대 ↑

17 ③ LINK 이론서 57p

③ 측면에서는 난류에 의한 전체적인 와류(강하게 회전하는 것으로 소용돌이를 수반한 흐름)를 생성한다.

➕ 추가학습

화재플럼

① 실내에 발생한 화재로 생성된 가스는 고온이므로 부력에 의해 화원 위쪽으로 상승기류를 일으키는 것
② 부력은 플럼을 상승시키고, 차가운 끝부분이 천천히 아래로 내려오게 되는데 측면에서는 난류에 의한 전체적인 와류를 생성
③ 공기의 인입이 발생하면 플럼가스가 냉각되고, 부력을 잃게 된다.

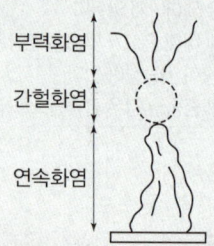

부력 화염	① 화염상부의 대류 열기류 영역 ② 연소가스의 상승속도와 온도 감소(냉각되기 때문에)
간헐 화염	① 간헐적으로 화염 존재·소멸 영역 ② 상승속도 일정
연속 화염	① 연료표면 바로 위의 영역으로 지속적은 화염존재 ② 연소가스의 상승속도 가속

18 ③ LINK 이론서 84~86p

구분	내용
압력방폭구조	용기 내에 불활성가스를 압입
유입방폭구조	점화원이 될 우려가 있는 기기를 절연유(보호액) 속에 넣어 보호
안전증 방폭구조	정상 시 전기기기의 과도한 온도상승 등 안전조치를 취해 안전도 증가
본질안전 방폭구조	정상 또는 이상 상태에서 발생하는 전기 불꽃 또는 가열 효과를 점화에너지 이하의 수준까지 제한, 점화시험(착화시험)에 의하여 확인된 것
내압방폭구조	용기가 폭발압력에 견딜 수 있고, 화염이 용기 외부의 폭발성 분위기로 전파되지 못하게 함, 온도·압력상승 방지를 위해 약간의 틈새

19 ④

④ **릴리프 밸브**란 시스템 내의 압력을 제한하기 위한 밸브로, 설정 압력에 도달하면 유로를 개방하여 유체의 일부 또는 전량을 배출시켜 배관 내의 압력을 감소시킨다.
→ 가압송수장치에는 체절운전 시 수온의 상승을 방지하기 위한 순환배관을 설치할 것. 다만, 충압펌프의 경우에는 그렇지 않다.
→ **가압송수장치의 체절운전 시 수온의 상승을 방지하기 위하여 체크 밸브와 펌프 사이에서 분기한 구경 20mm 이상의 배관에 체절 압력 미만에서 개방되는 릴리프 밸브를 설치하여야 한다.** (체절운전이란 펌프의 성능시험을 목적으로 펌프 토출측의 개폐 밸브를 닫은 상태에서 펌프를 운전하는 것을 말한다)

선지체크

① 풋 밸브는 수원이 펌프의 임펠러의 위치보다 낮은 경우에 설치되는 것으로서, 흡수구와 임펠러사이의 배관에 물을 채워 주기 위한 체크밸브기능(물이 한쪽방향으로만 흐르게 하는 기능)과 여과기능(이물질이 흡입되는 것을 방지)하기 위한 밸브이다.
② 시험 장치는 실제 화재가 난 것처럼 헤드를 개방하여 시험해볼 수 없으므로, 화재 발생 시 설비가 제대로 작동하는지 테스트하기 위해 설치해둔 것이다. 이 시험 장치에 설치되는 것이 시험밸브이다.
③ 유량조절 밸브: 성능시험배관의 유량측정장치를 기준으로 전후단 직관부에는 유량조절 밸브를 설치하여 유량을 조절하기 위함이다.

20 ③

선지체크

ㅁ. 탄소수가 많아질수록 발화점은 낮아지고, **비점은 높아진다.**

추가학습

종류	연소범위 (V%)	위험도	반응식	비고
메탄 [CH_4]	5~15	2	$CH_4 + 2O_2 \rightarrow CO_2 + 2H_2O$	*탄소수 증가에 따른 변화 ① 연소범위 상·하한계 ↓ ② 연소범위 ↓ ③ 위험도 ↑ ④ 발화점 ↓ ⑤ 인화점, 비점 ↑ ⑥ 증기압 ↓ ⑦ 발열량 ↑
에탄 [C_2H_6]	3~12.5	3.17	$C_2H_6 + 3.5O_2 \rightarrow 2CO_2 + 3H_2O$	
프로판 [C_3H_8]	2.1~9.5	3.52	$C_3H_8 + 5O_2 \rightarrow 3CO_2 + 4H_2O$	
부탄 [C_4H_{10}]	1.8~8.4	3.67	$C_4H_{10} + 6.5O_2 \rightarrow 4CO_2 + 5H_2O$	

21 ②

② 특수구조대에는 **화학구조대, 수난구조대, 산악구조대, 고속국도구조대, 지하철구조대**가 있다.

추가학습

119구조대 편성과 운영

소방청장·소방본부장 또는 소방서는 위급상황에서 요구조자의 생명 등을 신속하고 안전하게 구조하는 업무를 수행하기 위하여 대통령령으로 정하는 바에 따라 119구조대를 편성하여 운영하여야 한다.

구분	설치
일반구조대	소방서마다 1대 이상 설치
특수구조대	관할하는 소방서에 설치 (화학, 수난, 산악, 고속국도, 지하철)
직할구조대	소방청 또는 시·도 소방본부에 설치 (고속국도구조대, 국제구조대, 119항공대)
테러대응구조대	소방청과 시·도 소방본부 각각 설치
국제구조대	소방청

22 ②

ㄴ. 1947년 → ㄹ. 1948년 → ㅁ. 1975년 → ㄱ. 1995년 → ㄷ. 2004년 → ㅂ. 2014년 → ㅅ. 2017년

23 ②

② 화재의 경계와 진압업무의 **보조**

추가학습

의용소방대 업무
① 화재의 경계와 진압업무의 보조
② 구조·구급 업무의 보조
③ 화재 등 재난 발생 시 대피 및 구호업무의 보조
④ 화재예방업무의 보조
⑤ 그 밖에 행정안전부령으로 정하는 사항

의용소방대
① 설치: 시·도지사 또는 소방서장(시·도, 시·읍·면)
② 비상근
③ 소집: 소방본부장 또는 소방서장
④ 교육: 소방청장, 소방본부장 또는 소방서장
⑤ 경비 부담: 시·도지사
⑥ 정년: 65세
⑦ 의용소방대의 날: 매년 3월 19일

24 ② LINK 이론서 363, 413~414p

선지체크

① **농림축산식품부** - 가축질병
③ **법무부** - 법무시설에서 발생한 사고
④ **농림축산식품부** - 저수지 사고

추가학습

재난 및 사고유형별 재난관리주관기관

재난관리주관기관	재난 및 사고의 유형
교육부	학교 및 학교시설에서 발생한 사고
과학기술정보통신부	우주전파 재난, 정보통신 사고, 위성항법장치(GPS) 전파혼신, 자연우주물체의 추락·충돌
외교부	해외에서 발생한 재난
법무부	법무시설에서 발생한 사고
국방부	국방시설에서 발생한 사고
행정안전부	정부중요시설 사고, 공동구 재난(국토교통부가 관장하는 공동구는 제외), 내륙에서 발생한 유도선 등의 수난사고, 풍수해(조수는 제외한다)·지진·화산·낙뢰·가뭄·한파·폭염으로 인한 재난 및 사고로서 다른 재난관리주관기관에 속하지 아니하는 재난 및 사고
문화체육관광부	경기장 및 공연장에서 발생한 사고
농림축산식품부	가축 질병, 저수지 사고
산업통상자원부	가스 수급 및 누출 사고, 원유수급 사고, 원자력 안전 사고(파업에 따른 가동중단으로 한정), 전력 사고, 전력생산용 댐의 사고
보건복지부	보건의료 사고
보건복지부 질병관리청	감염병 재난
환경부	수질분야 대규모 환경오염 사고, 식용수 사고, 유해화학물질 유출 사고, 조류 대발생, 황사, 환경부가 관장하는 댐의 사고, 미세먼지
고용노동부	사업장에서 발생한 대규모 인적 사고
국토교통부	국토교통부가 관장하는 공동구 재난, 고속철도 사고, 도로터널 사고, 육상화물운송 사고, 도시철도 사고, 항공기 사고, 항공운송 마비 및 항행안전시설 장애, 다중밀집건축물 붕괴 대형사고로서 다른 재난관리주관기관에 속하지 아니하는 재난 및 사고
해양수산부	조류 대발생(적조에 한정한다), 조수, 해양 분야 환경오염 사고, 해양 선박 사고
금융위원회	금융 전산 및 시설 사고
원자력안전위원회	원자력안전 사고(파업에 따른 가동중단은 제외), 인접국가 방사능 누출 사고
소방청	화재·위험물 사고, 다중 밀집시설 대형화재
문화재청	문화재 시설 사고
산림청	산불, 산사태
해양경찰청	해양에서 발생한 유도선 등의 수난사고

25 ① LINK 이론서 369, 420p

① 재난 및 안전관리 기본법 제10조
- **조정위원회의 위원장은 행정안전부장관**이 되고, 위원은 대통령령으로 정하는 중앙행정기관의 차관 또는 차관급 공무원과 재난 및 안전관리에 관한 지식과 경험이 풍부한 사람 중에서 위원장이 임명하거나 위촉하는 사람이 된다.
- 조정위원회에 간사위원 1명을 두며, **간사위원은 행정안전부의 재난안전관리사무를 담당하는 본부장**이 된다.

제 03 회 소방학개론 모의고사

01	②	02	①	03	③	04	③	05	①
06	③	07	①	08	③	09	④	10	①
11	④	12	②	13	①	14	②	15	①
16	①	17	①	18	②	19	④	20	②
21	①	22	①	23	②	24	①	25	③

01 ②   LINK 이론서 52p

② 굴뚝효과는 저층건물보다 고층건물일수록, 여름철보다 겨울철에, 낮보다 밤에 더 잘 발생한다.
→ 주로 고층 건물일수록 굴뚝효과에 의하여 연기는 이동하고, 저층 건물일수록 열, 대류 이동, 화재압력과 같은 영향 및 바람의 영향으로 연기가 이동한다.

선지체크

①③ 굴뚝효과(연돌효과)란 건축물 내·외부 공기의 온도차(내부온도 > 외부온도)로 인해 압력차가 발생하여 공기가 수직으로 이동하는 현상이다.

추가학습

굴뚝효과(연돌효과)

구분	내용
정의	① 건축물 내·외부 공기의 온도차로 인해 압력차가 발생하여 공기가 수직으로 이동하는 현상 ② 내부온도 > 외부온도, 공기가 아래에서 위쪽으로 이동 ③ 여름 < 겨울, 낮 < 밤
영향요소	① 건물의 높이 ② 외벽의 기밀도 ③ 건물 내·외부 온도차 ④ 층간 공기누설
역굴뚝효과	건축물 외부온도가 내부온도보다 높을 때는 건물 내에서 공기가 위에서 아래쪽으로 이동하게 되는 하향 공기흐름 (내부온도 < 외부온도)

02 ①   LINK 이론서 20p

① 액체에서 기체로 상태가 변할 때(증발) 열을 흡수하는 흡열반응을 나타낸다.

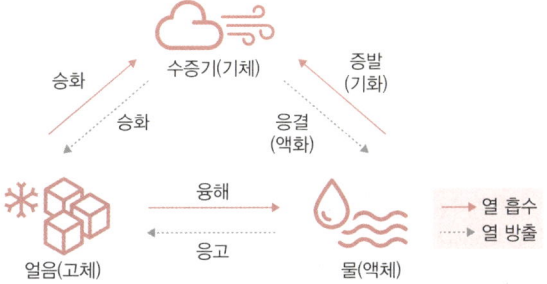

선지체크

②③

발열반응	흡열반응
① 화학반응 시 열을 방출하는 반응 ② 반응물질 에너지 > 생성물질 에너지	① 화학반응 시 열을 흡수하는 반응 ② 반응물질 에너지 < 생성물질 에너지

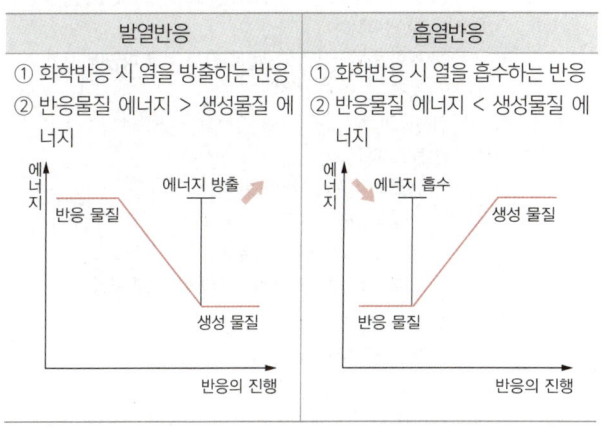

④ 화학적 변화란 물질의 성질이 변하는 것이며, 물리적 변화는 물질의 성질은 변하지 않고, 모양이나 상태가 변하는 것을 말한다.

03 ③   LINK 이론서 74~75p

③ 블레비 폭발은 비산과 동시에 저장된 증기가 가연성인 경우, 증기가 주변 화염에 의하여 발화되어 Fire Ball을 형성하게 되며 화학적 폭발로 전이될 수 있다.

선지체크

① 탱크 내의 기상 부분은 열전달될 액체가 없기때문에 급격하게 온도가 상승한다. 따라서 탱크 상부 냉각을 최우선으로 하고 탱크 주변 화재진화를 병행한다.
② 블레비란 가연성 액화가스 고압용기가 외부 화재에 영향을 받아 내부 증기압이 증가하여 탱크가 파열되는 상황이다.
④ 탱크 파열시 액체의 기화량은 블레비의 규모를 결정하는데 영향이 있다.

추가학습

과열액체 증기폭발(BLEVE)

구분	내용
분류	물리적 폭발(비산과 동시에 저장된 증기가 가연성인 경우, 증기가 주변 화염에 의하여 발화되어 Fire Ball을 형성하게 되며 화학적 폭발로 전이 될 수 있다.)
정의	가연성 액화가스 저장 탱크가 외부의 열(화재 등)에 의해 가열될 경우 탱크 내부의 일부 액체가 급격히 기화하는데 이때, 액체의 기화로 증기압이 급상승하면서 저장탱크 상부(기상부)의 강판이 국부 가열되어 그 강도가 약해지며 탱크가 파열되고 가열된 액화가스가 급속하게 팽창 분출하며 폭발하는 현상

발생과정	1. 액온상승
	  ① 탱크 주위에 화재 발생
	  ② 탱크의 외벽 가열
	  ③ 액온상승
	2. 연성파괴
	  ① 탱크 기상부 온도상승 및 압력증가
	  ② 탱크 강도 저하로 인한 균열 발생

발생과정	3. 액격현상 ① 탱크 내의 증기가 균열의 틈새로 누출되면서 급격한 압력저하 ② 액화가스가 급격히 증발하면서 탱크 벽면에 강한 충격 4. 취성파괴 ① 탱크 파괴 ② 탱크의 파편이 사방으로 비산 5. Fire ball 발생 (화학적 폭발) ① 탱크에서 다량의 가스 누출 ② 외부 점화원에 의해 착화 시 Fire ball 형성
방지대책	① 용기의 내압 강도 유지 ② 외력에 의한 용기 파괴 방지 ③ 화재에 의한 가열 방지 - 탱크 표면에 물분무소화설비(고정식 살수설비)를 설치 - 탱크 외벽은 열전도가 좋지 않은 물질로 단열처리 - 탱크를 지하에 설치 ④ 폭발방지장치 설치 - 탱크 내벽에 열전도도가 좋은 물질(알루미늄 합금 박판) 등을 설치하여 기상부로 흡수되는 열을 액체 부분으로 신속히 전달 ⑤ 감압시스템으로 탱크 내 압력 낮춤 ⑥ 방액제를 경사지게 하여 화염이 직접 탱크에 접하지 않도록 방지

04 ③ LINK 이론서 211p

③ 이산화탄소 소화기구(자동확산소화기를 제외한다)는 **사람이 직접 사용하는 소화설비로 지하층이나 무창층 또는 밀폐된 거실의 장소에서는 사용할 수 없다.**
→ 소화기구 및 자동소화장치의 화재안전기술기준: 이산화탄소 또는 할로겐화합물을 방사하는 소화기구(자동확산소화기를 제외한다)는 **지하층이나 무창층 또는 밀폐된 거실로서 그 바닥 면적이 20㎡ 미만의 장소에는 설치할 수 없다.** 다만, 배기를 위한 유효한 개구부가 있는 장소인 경우에는 그러하지 아니하다.

✅ 선지체크

① 산·알칼리 소화약제:
$$2NaHCO_3 + H_2SO_4 \rightarrow Na_2SO_4 + 2CO_2 + 2H_2O$$
탄산수소나트륨 황산 황산나트륨 이산화탄소 물

② 칼륨이온이 나트륨이온보다 반응성이 커서 부촉매 효과가 더 크기 때문에 제2종 분말소화약제($KHCO_3$)가 제1종 분말소화약제($NaHCO_3$)보다 약 2배 우수하다.

④ 탄소(C)를 맨 앞에 두고 할로겐원소를 주기율표 순서대로 F → Cl → Br → I 의 원자 수만큼 해당하는 숫자를 부여한다. 맨 끝의 숫자가 0일 경우는 생략 가능하다.

05 ① LINK 이론서 53p

① 중성대는 건물의 내·외부의 압력이 같기 때문에 **연기의 흐름이 가장 느리다.**

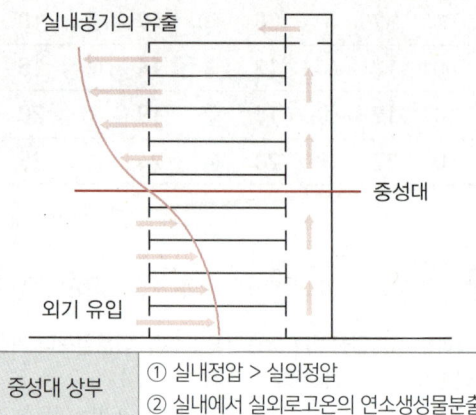

중성대 상부	① 실내정압 > 실외정압 ② 실내에서 실외로 고온의 연소생성물분출
중성대	① 실내정압 = 실외정압 ② 기류 이동 없음
중성대 하부	① 실내정압 < 실외정압 ② 실외에서 실내로 공기유입

➕ 추가학습

중성대
건물 화재 시 온도가 상승함으로 부력에 의해 실의 위쪽으로 고온 기체가 축적되고 온도가 높아져 실내·외의 압력이 달라진다. 실의 상부는 실외보다 압력이 높고, 하부는 압력이 낮다. 그 사이 어느 지점에서 실내·외부의 정압이 같아지는데 그 부분을 중성대(면)라고 한다.
① 중성대는 건물의 내·외부의 압력이 같기 때문에 연기의 흐름이 가장 느리다.
② 중성대에서 실내·외의 압력차는 '0', 중성대에서 멀어질수록 압력차 ↑
③ 중성대 아래쪽에서 공기가 계속 유입되면 연소 확대와 동시에 연기량이 증가하게 되고 실의 상부 압력이 높아지며 중성대 ↓
④ 상층개구부를 개방하게 되면 연기가 외부로 배출되므로 중성대 ↑

06 ③ LINK 이론서 97, 190p

ㄴ, ㄷ, ㄹ. **알릴리튬·칼륨·인화알루미늄 화재(금속화재)시 포소화약제는 적응성이 없기 때문에** 건조사 또는 금속전용의 분말소화약제를 사용해야 한다.

✅ 선지체크

ㄱ. 가솔린(휘발유)에서 화재 발생(유류화재)시 포 소화약제에 의한 질식소화한다.

➕ 추가학습

포소화약제
① 물에 의한 소화방법으로 효과가 적거나 화재가 확대될 우려가 있는 인화성·가연성 액체 위험물의 화재 시 사용하는 설비이다. 물과 첨가제를 일정한 비율로 혼합한 후 공기를 주입하여 생성된 거품으로 피복하여 공기와의 접촉을 차단하는 질식 효과와 수분 증발에 의한 냉각 효과가 있다.
② 일반화재(A급 화재), 유류화재(B급 화재)에 적응성이 있다.

07 ▶ ① LINK 이론서 77~78p

① 분진의 발열량이 클수록 폭발성이 크며 **가연성 휘발성분의 함유량이 많을수록 폭발하기 쉽다.**

✓ 선지체크

② ③ 최소한의 사이즈가 76[μm] 이하이어야 하며, 평균 입자직경이 작으면 작을수록 폭발성은 높아진다.
④ 산소와 반응이 있는 분진의 경우 공기 중 산화피막을 형성할 수 있으므로 공기 중 노출시간이 길수록 폭발성이 감소한다.

⊕ 추가학습

분진폭발

구분	내용
조건	① 분진이 가연성 ② 분진이 미분상태로 부유 ③ 분진 농도가 폭발범위 이내 ④ 화염을 전파할 수 있는 분진크기(76μm 또는 20mesh) ⑤ 지연성 가스(공기)와의 충분한 교반과 운동 ⑥ 점화원이 존재 ⑦ 발생속도 > 방열속도
영향 인자	① 분진의 휘발성이 클수록 ② 발열량이 클수록 ③ 열분해가 용이할수록 ④ 기체의 반응속도가 클수록 ⑤ 분진의 표면적이 입자체적에 비하여 클수록 ⑥ 평균 입자직경과 밀도가 작을수록 ⑦ 평균입경이 동일한 분진의 경우: 구상 < 침상 < 평편상 ⑧ 수분 함유량이 적을수록(수분은 분진의 부유성을 억제) → 단, 알루미늄 및 마그네슘과 같이 물과 반응하는 금속분진의 경우 수분량이 증가하면 폭발성 ↑ ⑨ 산소농도가 높을수록

08 ▶ ③ LINK 이론서 182~183p

③ 황린은 물과 반응하지 않으며 **물에 잘 녹지 않는다.**
→ 벤젠, 이황화탄소, 알코올에는 녹는다.

✓ 선지체크

① 인화칼슘: $Ca_3P_2 + 6H_2O \rightarrow 3Ca(OH)_2 + 2PH_3$ (포스핀 발생)
② 알킬알루미늄, 알킬리튬, 유기금속화합물은 유기화합물이고, 나머지는 무기화합물이다.
④ 칼륨: $2K + 2H_2O \rightarrow 2KOH + H_2$ (수소 발생)

⊕ 추가학습

제3류 위험물 특징
① 가열하거나 강산화성 물질, 강산류와 접촉하면 위험성이 현저하게 증가
② 대부분 무기질의 고체이며, 알킬알루미늄과 같은 액체도 있다.
③ 금수성 물질은 물과 접촉 시 발열반응 및 가연성 가스를 발생
④ 황린은 자연발화성 물질로 대기 중의 공기와 접촉하면 자연화한다.
⑤ 칼륨, 나트륨, 알킬알루미늄, 알킬리튬을 제외하고 나머지 물질은 물보다 무겁다.

09 ▶ ④ LINK 이론서 38p

④ 니트로셀룰로오스는 가열에 의해 **분해 및 열축적**이 쉽기 때문에 자연발화의 위험이 있다.
→ 질화도가 큰 것일수록 분해도, 폭발성, 위험성이 증가한다.

⊕ 추가학습

자연발화 열원의 종류
① 산화열: 기름걸레, 황린, 석탄, 건성유 등
② 분해열: 아세틸렌, 산화에틸렌, 셀룰로이드, 니트로셀룰로오스 등
③ 흡착열: 목탄, 활성탄 등
④ 중합열: 산화에틸렌, 시안화수소 등
⑤ 발효열(미생물열): 먼지, 거름, 곡물, 퇴비 등

10 ▶ ① LINK 이론서 24p

① 산화반응과 환원반응은 동시에 일어난다. **하지만 모든 산화·환원반응을 연소라고 할 수는 없다.**
→ 철이 녹스는 현상은 산소와 결합하는 산화반응에 의해 일어나는 현상이다. 하지만 빛과 열을 수반하지 않았기 때문에 연소라고는 볼 수 없다.
→ 연소가 일어나기 위해서는 급격한 산화반응현상+빛과 열을 수반하여야 한다.

✓ 선지체크

② ③ 가연물이 공기 중의 산소 또는 산화제와 반응하여 열과 빛을 발생하면서 산화하는 현상
→ 연소는 산화 반응과 발열 반응하는 화학적 현상이라고 할 수 있다.
→ 반응을 일으키기 위해서는 활성화 에너지(최소점화에너지)가 필요하다.

구분	산소	수소, 전자
산화반응	얻다	잃다
환원반응	잃다	얻다

④ 연소의 3요소, 연소의 4요소

구분	종류	연소형태	소화방법
3요소	가연물 + 산소공급원 + 점화원	작열연소, 무염연소, 표면연소	물리적 소화
4요소	가연물 + 산소공급원 + 점화원 + 연쇄반응	불꽃연소, 유염연소, 발염연소	물리적 + 화학적 소화

11 ④

④ 내화조 건물 옥상에 목조 또는 방화구조 건물이 별도로 설치되어있는 경우에는 **다른 동으로 본다.**

➕ 추가학습
건물 동수 산정

구분	내용
같은 동	① 주요구조부가 하나로 연결되어 있는 것 → 건널복도는 절반으로 분리하여 각 동 ② 건물의 외벽을 이용하여 실을 만들어 헛간, 목욕탕, 작업실, 사무실 및 기타 건물 용도로 사용하고 있는 것 ③ 구조에 관계없이 지붕 및 실이 하나로 연결되어 있는 것 ④ 목조 또는 내화조 건물의 경우 격벽으로 방화구획이 되어 있는 경우
다른 동	① 독립된 건물과 건물 사이에 차광막, 비막이 등의 덮개를 설치하고 그 밑을 통로 등으로 사용하는 경우 ② 내화조 건물의 옥상에 목조 또는 방화구조 건물이 별도로 설치되어 있는 경우 → 건물의 기능상 하나인 경우(옥내 계단 있는 경우) 같은 동 ③ 내화조 건물의 외벽을 이용하여 목조 또는 방화구조건물이 별도로 설치되어 있고 건물 내부와 구획되어 있는 경우 → 주된 건물에 부착된 건물이 옥내로 출입구가 연결되어 있는 경우, 기계설비 등이 쌍방에 연결되어 있는 경우 건물 기능상 하나인 경우 같은 동

12 ①

① 분해연소란 고체 가연물질을 가열하여 열분해를 일으켜 나온 분해가스 등이 연소하는 형태로 **석탄, 목재, 종이, 섬유, 플라스틱, 고무류 등**이 있다.
→ **증발연소**란 고체 가연물이 열분해를 일으키지 않고 증발(승화성 물질의 단순 증발)하여 발생된 증기가 연소되거나 융해된 액체가 기화하여 증기가 된 후 연소하는 현상으로 **유황, 나프탈렌, 파라핀(양초), 요오드, 왁스 등**이 대표적인 예이다.

✅ 선지체크
② 액체연소에는 대표적으로 증발연소와 분해연소가 있다.
 - 증발연소: 휘발성이 좋은 액체연료가 증발하여 발생된 가연성 증기가 연소하는 것
 - 분해연소: 액체가 휘발성이 좋지 않거나(비휘발성), 비중이 커서 증발이 어려운 액체 가연물은 높은 열을 통해 열분해하여 발생 된 가연성 가스가 연소하는 것
③ 액면연소: 액체연료 표면이 가열되어 증발이 일어나며 액체의 인화점에 도달하면 연소가 일어나기 때문에 액면아래의 온도분포에 영향을 받는다.
④ 층류: 화염의 길이가 증가 / 난류: 화염면적이 증가

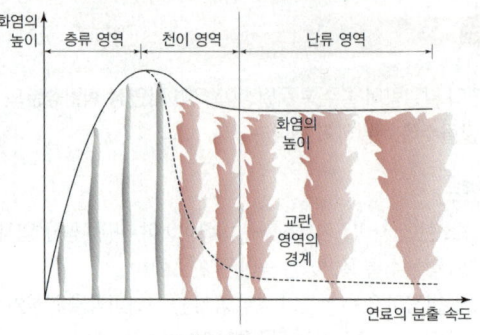

13 ③

- 증기밀도: 증기가 일정한 체적에서 차지하는 증기의 질량을 말한다.

$$증기밀도 = \frac{기체의 분자량[g]}{22.4[l]}$$

→ 메탄가스의 분자량: 12 + (1 × 4) = 16
→ 메탄가스의 증기밀도 = $\frac{16}{22.4}$ = 0.714 ≒ 0.71

➕ 추가학습
- 증기의 비중 = $\frac{기체의 분자량}{29}$

14 ②

② 비정상연소는 연소가 일어나는 동안 열의 발생속도와 연소확산속도가 서로 균형을 이루지 못하여 화염의 모양과 상태 등이 변하는 경우를 말하며 화재 및 폭발의 위험성이 **증가한다.**
→ 폭발연소: 가연성 기체와 공기의 혼합가스가 밀폐용기 안에 있을 때 점화되면 연소가 폭발적으로 일어나는 연소현상으로 비정상연소이기도 하다.

15 ②

- **공동현상**
흡입 양정이 높거나, 펌프 흡입구에서 유로 변화로 인해 압력강하가 생겨 그 부분의 압력이 포화증기압보다 낮아지면 표면에 증기가 발생되어 액체와 분리되어 기포로 나타나는 현상

발생원인	방지대책
① 펌프의 흡입측 수두가 클 경우	① 펌프의 설치높이를 낮추어 흡입양정을 짧게
② 펌프의 마찰손실이 클 경우	② 양흡입 펌프 사용
③ 펌프의 흡입관경이 너무 작을 경우	③ 배관 완만하고 짧게
④ 이송하는 유체가 고온인 경우	④ 흡입관 관경을 크게
⑤ 펌프의 흡입압력이 유체의 증기압보다 낮은 경우	⑤ 임펠러의 속도를 작게
⑥ 임펠러 속도가 지나치게 클 경우	⑥ 수온을 낮게
	⑦ 흡수관측의 손실을 가능한 작게

✅ 선지체크
ㄹ. 펌프의 **마찰손실이 클 경우**

16 ①   LINK 이론서 179p

① **산화력이 강하기 때문에** 다른 물질의 다른 물질을 연소시키는 산화제로 쓰인다.
→ **제1류 위험물**: 고체(액체 또는 기체 외의 것)로서 **산화력의 잠재적인 위험성** 또는 충격에 대한 민감성을 판단하기 위하여 소방청장이 정하여 고시하는 시험에서 고시로 정하는 성질과 상태를 나타내는 것을 말한다.

➕ 추가학습
제1류 위험물 특징
① 강산화제로 분해 시 산소를 방출
② 자신은 불연성이며 다른 가연물의 연소를 돕는 조연성(지연성) 물질
③ 대부분 무색결정 또는 백색 분말
④ 대부분 무기화합물
⑤ 비중이 1보다 크며 물에 녹는 것이 많음
⑥ 조해성이 있는 것도 있으며, 수용액 상태에서도 산화성
⑦ 가열, 충격, 마찰 등에 분해하면서 산소를 발생
⑧ 가연물과 혼합하면 연소·폭발 위험성

17 ①   LINK 이론서 296p

① 1429년 금화도감이 병조아래 설치되었으며, **상비 소방제도로서의 관서는 아니지만** 화재를 방지하는 문제로 독자적 기구를 갖춘 우리나라 최초의 소방기구이다.
→ 상비소방이라는 용어는 일본 용어로 전문적으로 소방을 상설해 놓은 제도로 1910년 일제강점기 이후 만들어졌다.

✅ 선지체크
② 금화도감설치
  - 제조 7명, 사 5명, 부사 6명, 판관 6명으로 구성
  - 구화패 발급: 통금시간 이후 화재 진압하는 사람임을 증명
  - 화재 시에는 의금부에서 타종
③ 5가작통제
  - 5가구를 하나로 묶어 통으로 하고 각 가구마다 물통을 준비
  - 세종 13년 각 통에 소방종사자 증표인 금화패를 발급
④ 소방사무를 보는 포도청을 없애고 경찰사무를 병합하여 경무청을 설치하였다. 1894년 경무청 세칙에 수화 소방은 난파선 및 출화, 홍수 등 구호에 관한 사항으로 소방이라는 용어가 처음으로 사용되었다.

18 ②   LINK 이론서 254p

② 이온전류가 변화하여 작동하는 것은 **연기감지기 중 이온화식**을 말한다.

• 연기감지기

구분	내용
이온화식	연기에 의하여 이온전류가 변화하여 작동(스포트형)
광전식	연기에 의하여 광량이 변화하여 작동(스포트형, 분리형, 공기흡입형)

• 연기감지기 설치장소
① 계단·경사로 및 에스컬레이터 경사로
② 복도(30m 미만의 것을 제외한다)
③ 엘리베이터 승강로(권상기실이 있는 경우에는 권상기실)·린넨슈트·파이프 피트 및 덕트 기타 이와 유사한 장소
④ 천장 또는 반자의 높이가 15[m] 이상 20[m] 미만의 장소

✅ 선지체크
① 차동식 스포트형 감지기 열기전력 이용방식
③ 차동식 스포트형 감지기 공기팽창방식
④ 차동식 분포형 감지기

19 ④   LINK 이론서 357~358p

• 하인리히의 도미노이론(최초 이론)

내용
사회적 환경 및 유전적 요소 (선천적 결함)
↓
개인적 결함 (인간의 결함)
↓
불안전한 행동 및 불안전한 상태 (물리적, 기계적 위험성)
↓
사고 (화재나 폭발, 유해 물질 노출 발생)
↓
상해 (사고로 인한 인명, 재산 피해)
직접원인(불안전한 행동 및 불안전한 상태)을 제거하면 재해를 수반하는 사고의 대부분을 방지할 수 있다.
1(중상) : 29(경상) : 300(무상해 사고) 법칙

20 ②   LINK 이론서 361, 411p

구분	내용
자연재난	**태풍**, 홍수, 호우, 강풍, 풍랑, 해일, 대설, **한파**, 낙뢰, 가뭄, 폭염, 지진, 황사, 조류 대발생, 조수, **화산활동**, 소행성·유성체 등 자연우주물체의 추락·충돌
사회재난	화재·**붕괴**·**폭발**·교통사고(항공사고 및 **해상사고를 포함**)·**화생방사고**·환경오염사고 등으로 인하여 발생하는 대통령령으로 정하는 규모 이상의 피해와 **국가핵심기반의 마비**, 감염병 또는 가축전염병의 확산, 미세먼지

✅ 선지체크
ㄱ, ㄹ, ㅇ → **자연재난**

21 ① LINK 이론서 396, 481p

① 긴급구조에 관한 사항의 총괄·조정, 긴급구조기관 및 긴급구조지원기관이 하는 긴급구조활동의 역할 분담과 지휘·통제를 위하여 **소방청에 중앙긴급구조통제단을 둔다.**
(「재난 및 안전관리기본법」 제49조 제1항)

➕ 추가학습

중앙긴급구조통제단 (소방청 소속)

1. 구성
   ① 단장: 소방청장
   ② 부단장: 소방청 차장
   ③ 부서: 대응계획부, 자원지원부, 현장지휘부
   ④ 중앙통제단의 구성·기능 및 운영에 필요한 사항은 대통령령으로 정한다.

2. 기능
   ① 국가 긴급구조대책의 총괄·조정
   ② 긴급구조활동의 지휘·통제(긴급구조활동에 필요한 긴급구조기관의 인력과 장비 등의 동원을 포함)
   ③ 긴급구조지원기관간의 역할분담 등 긴급구조를 위한 현장활동계획의 수립
   ④ 긴급구조대응계획의 집행
   ⑤ 그 밖에 중앙통제단의 장이 필요하다고 인정하는 사항

22 ③ LINK 이론서 229p

- **토너먼트 방식**

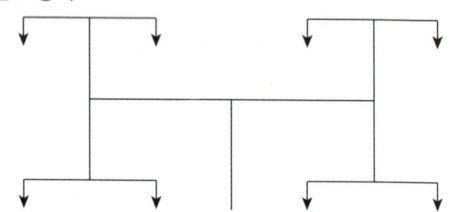

① 소화약제가 방호구역 전 구역으로 짧은 시간내에 방사하려는 의도를 가지고 있으며, 헤드까지 도달하는 배관 길이가 같으므로 방사 압력을 동일하게 유지할 수 있는 장점도 가지고 있다. **주로 이산화탄소 소화설비, 할론 소화설비, 할로겐화합물 및 불활성기체 소화설비, 분말소화설비에 사용한다.**
② 수계 소화설비의 경우 토너먼트 방식을 적용할 경우 꺾이는 부분에서 계속적인 마찰손실이 발생하게 되면서 헤드에서 물이 방출될 때 압력이 떨어지게 된다. 따라서 수계의 경우에는 마찰손실을 최소화하기 위해 가지형으로 설치한다.
③ **압축공기포소화설비의 배관은 토너먼트방식으로 해야 하고 소화약제가 균일하게 방출되는 등거리 배관구조로 설치해야 한다.**

23 ④ LINK 이론서 35p

④ 발화점은 발열량이 클 때, **활성화 에너지값이 작을 때** 낮아진다.

- 발화점이 낮아지는 조건

작을수록(낮을수록)	활성화 에너지, 열전도율, 습도, 증기압, 금속의 열전도율
클수록(높을수록)	화학적 활성도, 발열량, 산소와 친화력, 탄화수소계열의 분자량, 탄소수의 길이, 분자구조, 접촉하는 금속(용기 재질)의 열전도

➕ 추가학습

에너지 조건

구분	내용
인화점 (유도발화점)	① 가연물에 점화원을 가했을 때 연소할 수 있는 최저온도 ② 가연성 혼합기를 형성하는 최저온도 ③ 액체의 증기가 연소범위 하한계에 이르러 점화되는 최저온도 ④ 물적 조건과 에너지 조건이 만나는 최솟값 ⑤ 「위험물안전관리법」상 제4류 위험물의 기준을 정하는 척도
연소점	① 점화원을 제거한 후에도 5초 이상 지속적으로 연소할 수 있는 최저온도 ② 일반적으로 인화점보다 5~10℃ 높다. (인화점 < 연소점 < 발화점) ③ 증기발생속도 > 연소속도
발화점 (착화점, 자연발화점)	① 점화원 없이 스스로 발화할 수 있는 최저온도 ② 발열속도가 방열속도보다 클 경우 계에 열이 축적되고 온도가 상승하여 발화온도 이상 시 발생 (발열속도 > 방열속도)

24 ③ LINK 이론서 51, 118~120 p

③ 화재가 성장할수록 연기층도 축적되며, **연기와 가스의 온도도 상승한다.**

✅ 선지체크

① 생성속도가 배출속도를 초과하지 않는다는 것은 연기의 배출속도가 빠르다는 것이다. 연기가 계속 배출되므로 연기층은 더 이상 하강하지 않는다.
② 발연량의 경우에는 초기가 성장기보다 많다. 하지만 연기의 이동속도(분출속도)는 온도가 더 높은 성장기가 빠르다. 따라서 성장기의 단계에서 연기가 더 빠르게 축적된다.
→ 발연량: 초기 > 성장기 > 최성기
→ 연기의 이동속도(분출속도): 초기 < 성장기 < 최성기
④ 온도 상승시 부피가 팽창 및 밀도감소로 인한 부력 형성으로 연기가 이동한다.

25 ③   LINK 이론서 99, 209p

③ 「소화기의 형식승인 및 제품검사 기술기준」상 K급 화재용 소화기의 소화능력시험은 소화기의 **K급 화재용 소화기의 소화능력시험에 따른다.**

🔴 선지체크

① 비누화 작용: 제1종 분말소화약제(중탄산나트륨, $NaHCO_3$) 방출 시 나트륨 이온이 식용유의 지방산과 결합하여 금속비누를 만들고 이 비누가 거품을 형성하여 질식효과를 갖는다. 또한 식용유 표면의 온도를 낮추어 증기가 발생하지 못하도록 재발화 방지 역할도 한다.

② ④ 식용유는 인화점과 발화점의 차이가 적고, 발화점이 비점(끓는점)보다 낮아 비점 이하의 온도에서도 액면상 증발을 통해 발화할 수 있다. 따라서 식용유 화재 시 소화 후에도 식용유의 온도가 발화점 이상인 상태라면 재발화할 수 있다.

제 04 회 소방학개론 모의고사

01	④	02	①	03	①	04	②	05	③
06	③	07	②	08	①	09	④	10	①
11	④	12	①	13	②	14	③	15	①
16	①	17	②	18	①	19	②	20	④
21	①	22	③	23	②	24	③	25	②

01 ④ LINK 이론서 97p

④ 절연열화(절연불량) 또는 탄화: 배선기구의 절연체 등이 시간 경과에 따라 절연체의 열화로 절연성이 저하되거나 미소전류에 의한 국부발열과 탄화현상 누적으로 발열 또는 누전현상을 일으키는 것

분류	색상	특징	소화
C급 (전기화재)	청색	① 전류가 흐르고 있는(통전 중) 전기기기에서 발생한 화재 ② 원인: 단락, 합선, 과전류·과부하, 누전, 지락, 절연열화 또는 탄화, 스파크, 정전기, 낙뢰, 열적경과, 접속부 과열 등	질식소화 제거소화

🔴 선지체크
① 단락에 대한 설명이다.
② 정전기에 대한 설명이다.
③ 열적경과에 대한 설명이다.

02 ① LINK 이론서 31p

① 최소산소농도(MOC: Minimum Oxygen Concentration)는 화염전파를 위한 최소한의 산소농도로서, 산소농도를 최소산소농도보다 낮게 낮추면 연료농도에 관계없이 연소 및 폭발방지가 가능하다. 가연성 혼합기에 불활성 가스를 첨가하여 산소농도를 낮추어 연소 및 폭발을 방지한다.

🔴 선지체크
② 최소산소농도(MOC: Minimum Oxygen Concentration)는 연소범위 중 연소하한계와 관련 있다.
→ 최소산소농도 = 연소하한계 × 산소의 양론계수
③ 한계산소지수(LOI: Limited Oxygen Index)는 가연물을 수직으로 하여 가장 윗부분에 착화하며 연소를 계속 유지시킬 수 있는 산소의 최저 체적농도[%]를 말한다.
④ 산소밸런스(OB: Oxygen Balance)는 화학물질로부터 완전연소 생성물을 만드는 데 필요한 산소의 과부족량을 나타낸 지수이다. 0에 가까울수록 폭발력이 크다.

03 ① LINK 이론서 45p

① 선화는 버너의 염공이 일부 막힘 등으로 작아진 경우 분출속도가 증가되어 발생한다.

🔴 선지체크
② 가스의 공급압력이 높은 경우 가스의 유출속도가 크게되어 선화가 발생한다.
③ 연소가스의 배출 불충분으로 2차 공기 중의 산소가 부족한 경우 연소속도가 작게 된다. 따라서 이 경우에도 선화가 발생할 수 있다.

➕ 추가학습
이상연소현상

구분	내용
역화 (Back fire)	① 연소속도 > 가스분출속도 ② 버너과열로 가스온도가 상승된 경우 ③ 염공의 부식 등으로 넓어진 경우 ④ 공급가스의 압력이 저하된 경우 ⑤ 혼합 가스량이 너무 적을 때 ⑥ 용기 밖의 압력이 높을 때
선화 (Lifting)	① 연소속도 < 가스분출속도 ② 염공의 일부 막힘 등으로 분출속도가 증가된 경우 ③ 공급가스의 압력이 높은 경우 ④ 2차 공기의 공급이 불충분한 경우 ⑤ 연소가스의 배출이 불안전한 경우 ⑥ 공기조절장치를 너무 많이 열었을 경우(1차 공기량이 많은 경우)

04 ② LINK 이론서 105p

② 동일 소방대상물에서 누전점이 동일한 누전에 의한 발화점이 2개소 이상인 화재는 1건의 화재로 한다.

구분	내용
1건	① 동일 소방대상물의 발화점이 2개소 이상 있는 누전점이 동일한 누전에 의한 화재, 자연현상에 의한 다발화재 ② 화재현장이 둘 이상의 관할구역에 걸친 화재(발화지점이 속한 소방서에서) 다만, 발화지점 확인이 어려운 경우에는 화재피해 금액이 큰 관할구역 소방서의 화재 건수로 산정
별건	① 동일범이 아닌 각기 다른 사람에 의한 방화, 불장난

🔴 선지체크
③ 지진은 자연현상에 해당하므로 1건의 화재로 한다.

05 ③ 　　LINK 이론서 118p

③ 낮은 산소분압에서 화재가 발생한 경우에는 훈소가 발생할 수 있다.

추가학습

건축물 화재의 진행단계

단계	특징
초기 (발화기)	① 산소공급이 원활하지 않은 경우 훈소성 화재 발생 ② 독립연소, 다른 동으로의 연소 위험 없음 ③ 다량의 백색 연기
성장기 (중기, 성숙기)	① 화재의 진행변화가 급속하게 이루어짐(상황변화가 격렬하고 다양) ② 검은색 연기 ③ 연료지배형 화재 형태를 보임 ④ 최성기 직전 플래시오버(Flash over) 발생
최성기	① 연소가 가장 격렬한 시기 ② 열 분출속도는 증가, 발연량은 감소 ③ 복사열로 인해 인접건물로의 연소 확대 위험이 증가 ④ 천장이나 벽 등 구조물의 낙하 위험 ⑤ 공기 공급이 부족하면 환기지배형 화재로 전이될 수 있음
감쇠기 (종기, 감퇴기)	① 지붕, 기둥 벽체 등이 무너짐 ② 구획실 내에 있는 가연물을 소모함에 따라, 연소확대 우려가 없음 ③ 백색 연기 ④ 다량의 공기 유입 시 백드래프트(Back draft) 발생 우려

06 ③ 　　LINK 이론서 121p

③ 백드래프트 징후이다.

선지체크

① ③ 플래시오버란 가연물의 착화와 열분해 시 생성된 가연성 가스가 천장 아래에 축적되고, 천장 아래에 축적된 연기층의 온도가 상승하며, 이로 인해 바닥면의 복사 수열량이 증가될 때 순간적으로 방전체가 급격하게 타오르는 화재확대현상

추가학습

플래시오버(순발연소, Flash over)

구분	내용
발생징후	① 고온의 연기가 발생 ② Roll over 현상이 관찰 ③ 두텁고, 뜨거운, 진한 연기가 천장 아래로 쌓인다. ④ 일정 공간 내에서 전면적인 자유연소 ⑤ 일정 공간 내에서의 계속적인 열집적(다른 물질의 동시가열)
영향조건	① 개구부 크기 클수록 ② 불연재료 < 난연재료 < 가연재료 ③ 발열량 클수록 ④ 열전도율 작을수록 ⑤ 연소실이 작을수록, 층고가 낮을수록 ⑥ 화원의 크기가 클수록 ⑦ 산소분압이 높을수록 ⑧ 벽 재료 < 천장 재료

07 ② 　　LINK 이론서 46p

② 활성화 에너지란 화학반응이 진행되기 위한 최소한의 에너지로 작을수록 연소속도가 빠르다.

선지체크

① ③ 공기 중 산소농도가 증가할수록 연소속도는 빨라지고, 불활성 가스가 증가하면 연소속도는 감소한다.

추가학습

연소속도 영향요소
① 가연성 물질의 종류
② 산화제의 종류
③ 촉매의 존재 유무와 농도
④ 가연성 물질과 산화제의 혼합비(당량비)
⑤ 미연소 가스의 열전도율(열전도율 클수록)
⑥ 미연소 가스의 밀도(밀도 낮을수록)
⑦ 미연소 가스의 비열(비열 작을수록)
⑧ 화염온도(화염온도 높을수록)
⑨ 압력(압력 높을수록)

08 ③ 　　LINK 이론서 36p

③ 최소발화에너지는 물질의 종류, 혼합기의 온도, 압력, 농도(혼합비) 등에 따라 변화되며, **가연성 가스의 조성이 화학양론농도 부근일 때 최소발화에너지는 최저가 된다.** 즉, 가연성가스의 조성과도 관련 있다.
- 온도가 상승하면 분자의 운동이 활발해져 MIE는 작아진다.
- 압력이 상승하면 분자 간의 거리가 가까워져 MIE는 작아진다.
- 농도가 높으면 분자 간의 충돌횟수가 많아져 MIE는 작아진다.
- 연소속도가 클수록 MIE는 작아진다.
- 발열량이 크고 산소분압이 높으면 MIE는 작아진다.
- 가연성 가스의 조성이 화학양론농도 부근일 때 MIE는 최저가 된다.
- 동일 유속 시 난류의 강도가 커지면 MIE는 증가한다.

09 ④ 　　LINK 이론서 148p

④ 연속적인 연쇄반응을 방지하기 위해서는 가연물질에 공급하는 점화원의 값을 활성화에너지의 값 이하가 되게 하여 가연물질로부터 활성화된 수산기·수소기가 발생하지 않도록 해야 한다.

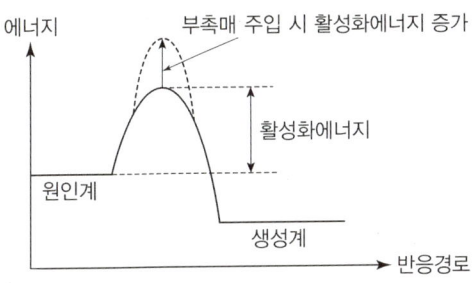

10 ① LINK 이론서 27p

① 위험물 중 산소공급원이 될 수 있는 것은 **제1류, 제5류, 제6류**이다.
  ㄱ. 과산화나트륨 – 제1류 위험물
  ㄴ. 과망간산염류 – 제1류 위험물
  ㄹ. 질산 – 제6류 위험물
  ㅁ. 질산에스테르류 – 제5류 위험물

✅ 선지체크
  ㄷ. 황린 – 제3류 위험물
  ㅂ. 금속의 수소화물 – 제3류 위험물

➕ 추가학습
산소공급원

구분	내용
공기	공기 중 산소 약 21[vol%], 중량으로 계산하면 23[wt%]
산화성 물질	가연물에 산소를 공급해주는 물질(불연성 물질이며 산소를 함유) ① 제1류 위험물(산화성 고체) ② 제6류 위험물(산화성 액체)
자기반응성 물질	분자 내에 가연물과 산소를 충분히 함유하고 있는 물질(가연성 물질이며 산소를 함유) ① 제5류 위험물(자기반응성 물질)
조연성 (지연성) 물질	자신은 연소하지 않고 가연물이 잘 탈 수 있도록 도와주는 가스 ① 산소(O_2), 이산화질소(NO_2), 산화질소(NO), 불소(F_2), 염소(Cl_2), 오존(O_3) 등

11 ④ LINK 이론서 261p

④ 비상방송설비는 확성기, 음량조절기, 증폭기, 조작부 등으로 구성된다.
  – 확성기: 소리를 크게 하여 멀리까지 전달될 수 있도록 하는 장치로써 일명 스피커
  – 음량조절기: 가변저항을 이용하여 전류를 변화시켜 음량을 크게 하거나 작게 조절할 수 있는 장치
  – 증폭기: 전압전류의 진폭을 늘려 감도를 좋게 하고 미약한 음성전류를 커다란 음성전류로 변화시켜 소리를 크게 하는 장치

- **분배기는 무선통신보조설비의 구성품**이다.
  → 무선통신보조설비 구성: 누설동축케이블, 분배기, 분파기, 혼합기, 증폭기, 무선중계기, 옥외안테나

12 ③ LINK 이론서 188p

③ **알킬알루미늄은 벤젠이나 헥산의 희석제를 사용**하여 저장한다.
  → 니트로셀룰로오스: 물이나 알코올로 습면

➕ 추가학습
위험물의 보호액 및 저장방법
① 황린, 이황화탄소: 물속에 저장
② 니트로셀룰로오스: 물이나 알코올로 습면
③ 칼륨, 나트륨: 석유류(등유, 경유) 속에 저장
④ 알킬리튬, 알킬알루미늄: 벤젠이나 헥산의 희석제를 사용
⑤ 아세틸렌: 다공성 물질(석면, 규조토)에 디메틸프로마미드, 아세톤을 흡수시키고 여기에 아세틸렌을 다시 용해시켜 저장
⑥ 아세트알데히드, 산화프로필렌: 용기에 불연성 가스를 봉입하여 저장(은, 수은, 구리, 마그네슘 접촉금지)

13 ② LINK 이론서 27p

- 부탄의 완전연소 반응식
$$C_4H_{10} + 6.5O_2 \rightarrow 4CO_2 + 5H_2O$$
① 부탄의 분자량: (12 × 4) + (1 × 10) = 58g
② 부탄 58g이 완전연소할 때 산소 6.5몰이 필요하다.
③ 산소 6.5몰을 이론 산소량으로 바꾸면 6.5 × (16 × 2) = 208g이다.
  → **부탄 58g이 완전연소하기 위해서는 산소 208g이 필요하다.**

14 ③ LINK 이론서 126p

③ 해당사항 없음

➕ 추가학습
화재하중
① 화재 시 발열량 및 화재 위험성의 척도
② 단위 면적당 가연물의 중량
③ 실제로 존재하는 가연물의 발열량을 등가목재중량으로 환산한 것
④ 화재하중이 클수록 주수시간 ↑

$$Q = \frac{\sum G_i \cdot H_i}{H \cdot A} = \frac{\sum Q_t}{4,500A}[kg/m^2]$$

- Q: 화재하중[kg/m³]
- G_i: 가연물의 양[kg]
- H_i: 단위중량당 발열량[kcal/kg]
- H: 목재의 단위중량당 발열량 [4,500kcal/kg]
- A: 화재실의 바닥면적[m²]
- $\sum Q_t$: 화재실 내 가연물의 전 발열량 [kcal]

15 ①   LINK 이론서 73p

① 산화폭발이란 산화반응에 의해 발생되는 폭발로서 **가스폭발, 분무폭발, 분진폭발** 모두 가연성 가스가 주위 공기와 혼합기를 형성하여 폭발하는 **산화폭발(화학적 폭발)에 해당된다.**
  → **증기폭발**은 액상에서 기상으로의 급격한 상변화에 따른 체적팽창으로 발생하는 폭발(**물리적 폭발**)이다.

◆ 선지체크

② 분진폭발은 부유상태인 가연성 분진 입자에 착화원이 가해져 열분해되어 기화된 증기가 주위 공기와 혼합, 발화되어 폭발하는 현상으로 기상폭발에 해당된다.
③ 전선폭발이란 알루미늄계 전선에 큰 전류가 흘러 순식간에 가열, 용융, 기화가 진행되면서 발생되는 폭발이다.
④ 수증기 폭발이란 고온의 용융 금속 등을 물속에 투입하거나 물을 접촉시키면, 물이 급격하게 기화되며 발생하는 폭발(응상폭발)이다.

16 ①   LINK 이론서 161p

① 소화능력: 4종 > 2종 > 3종 > 1종
  - 제4종 분말소화약제는 소력이 큰 탄산수소칼륨에 요소를 결합시킨 것으로 입자는 보통 크기이지만 이것이 화염과 만나면 산탄처럼 미세한 입자로 분해되어 큰 소화 효과를 갖는다.
  - 칼륨이온이 나트륨이온보다 반응성이 커서 부촉매 효과가 더 크기 때문에 소화능력은 제1종 분말소화약제보다 제2종 분말소화약제가 약 2배 우수하다.

◆ 선지체크

② **제3종 분말소화약제**는 수성막포와 Twin Agent System이 가능하다.
③ **제1종 분말소화약제**는 백색으로 착색되어 있고, 다른 분말 소화약제와는 달리 비누화 반응을 일으킨다.
④ **할론소화약제**는 다른 소화약제에 비해 변질이 적지만, 오존층파괴의 원인이 될 수 있다.

17 ②   LINK 이론서 246~248p

포 소화약제 혼합방식

구분	내용
라인 프로포셔너 (관로혼합방식)	벤추리관의 벤추리 작용
펌프 프로포셔너 (펌프혼합방식)	펌프에서 토출된 물의 일부를 보내고, 농도 조정밸브에서 조정된 포소화약제의 필요량을 흡입 측으로 보내어 혼합
프레져 프로포셔너 (차압혼합방식)	포소화설비의 가장 일반적인 혼합방식 벤추리관의 벤추리작용과 펌프 가압수의 포 소화약제 저장탱크에 대한 압력에 따라 혼합
프레져 사이드 프로포셔너 (압입혼합방식)	포 소화약제 압입용 펌프
공기압축포 믹싱쳄버방식	압축공기 또는 압축질소를 일정 비율로 포수용액에 강제 주입 혼합

◆ 선지체크

① **펌프 프로포셔너방식**에 관한 설명이다.
③ **라인 프로포셔너방식**에 관한 설명이다.
④ **프레져 프로포셔너방식**에 관한 설명이다.

18 ①   LINK 이론서 22p

부피의 변화가 없으므로 고려하지 않는다.

$$\frac{P_1}{T_1} = \frac{P_2}{T_2} \rightarrow P_2 = \frac{T_2}{T_1} \times P_1$$

$$P_2 = \frac{(273+333)}{(273+30)} \times 10 = 20[MPa]$$

∴ **333[℃]인 경우의 압력은 20[MPa]이다. 처음 압력인 10[MPa]보다 2배 상승하였다.**

⊕ 추가학습

기체반응의 법칙

구분	내용
보일의 법칙	일정한 온도에서 기체의 부피는 압력에 반비례한다. $V \propto \dfrac{1}{P}$
샤를의 법칙	일정한 압력에서 기체의 부피는 절대온도에 비례한다. $V \propto T$
보일-샤를의 법칙	기체의 부피는 압력에 반비례하고 절대온도에 비례한다. $\dfrac{P_1 V_1}{T_1} = \dfrac{P_2 V_2}{T_2}$
아보가드로의 법칙	일정한 온도와 압력에서 기체의 부피는 몰수(분자수)에 비례한다. $V \propto n$
이상기체 상태 방정식	$PV = nRT = \dfrac{W}{M}RT$ P: 압력[atm], V:부피(체적)[L], n: 몰수, R: 기체상수(0.082[atm·L/mol·k]), W: 기체의 질량[g], M: 분자량, T: 절대온도[K]

19 ②   LINK 이론서 78p

• 분진폭발을 일으키지 않는 것
석회석, 탄산칼슘, 생석회, **소석회**, **산화알루미늄**, 시멘트, 대리석

◆ 선지체크

③ 산화알루미늄은 분진폭발을 일으키지 않지만, 알루미늄은 분진폭발 가능성이 있다.

20 ④   LINK 이론서 346p

• 구급 요청의 거절
① 단순 치통환자
② 단순 감기환자(섭씨 38도 이상의 고열 또는 호흡곤란이 있는 경우는 제외)
③ **혈압 등 생체징후가 안정된 타박상 환자**
④ 술에 취한 사람(강한 자극에도 의식이 회복되지 아니하거나 외상이 있는 경우는 제외)
⑤ 만성질환자로서 검진 또는 입원 목적의 이송 요청자
⑥ 단순 열상 또는 찰과상으로 지속적인 출혈이 없는 외상환자
⑦ 병원 간 이송 또는 자택으로의 이송 요청자(의사가 동승한 응급환자의 병원 간 이송은 제외)

> ➕ 추가학습

구조 요청의 거절
① 단순 문 개방의 요청을 받은 경우
② 시설물에 대한 단순 안전조치 및 장애물 단순 제거의 요청을 받은 경우
③ 동물의 단순 처리·포획·구조 요청을 받은 경우
④ 그 밖에 주민생활 불편 해소 차원의 단순 민원 등 구조활동의 필요성이 없다고 인정되는 경우

> ➕ 추가학습

소방서 설치기준
① 시·군·구 단위로 설치(필요한 경우 인근 시·군·구를 포함한 지역을 단위로 설치 가능)
② 소방서의 관할구역에 설치된 119안전센터의 수가 5개를 초과하는 경우에는 소방서를 추가로 설치 가능
③ 석유화학단지·공업단지·주택단지 또는 문화관광단지의 개발 등으로 대형화재의 위험이 있거나 소방수요가 급증하여 특별한 소방대책이 필요한 경우에는 해당 지역마다 소방서를 설치 가능

21 ④ LINK 이론서 311p

④ 소방청장은 중앙소방학교 소속의 **소방경 이하**의 소방공무원에 대한 임용권을 중앙소방학교장에게 위임할 수 있다.

	사	교	장	위	경	령	정	준감	감	정감	총감
임용권자	• 소방청장 임용					• 소방청장 제청 → 국무총리 → 대통령 임용 • 소방총감은 대통령이 임명					
						• 소방령·정·준감의 전보, 휴직, 직위해제, 강등, 정직, 복직 → 소방청장					

1. 위임: 대통령 → 소방청장 또는 시·도지사
   ① 소방청장에게 위임
   　- 소방청과 그 소속기관의 소방정 및 소방령에 대한 임용권
   　- 소방정인 지방소방학교장에 대한 임용권
   ② 시·도지사에게 위임
   　- 시·도 소속 소방령 이상의 소방공무원에 대한 임용권(소방본부장 및 지방소방학교장은 제외)

2. 위임: 소방청장 → 시·도지사 및 소방청 소속기관의 장
   ① 중앙소방학교장에게 위임
   　- 중앙소방학교 소속 소방공무원 중 소방령에 대한 전보·휴직·직위해제·정직 및 복직에 관한 권한
   　- 소방경 이하의 소방공무원에 대한 임용권
   ② 중앙119구조본부장에게 위임
   　- 중앙119구조본부 소속 소방공무원 중 소방령에 대한 전보·휴직·직위해제·정직 및 복직에 관한 권한
   　- 소방경 이하의 소방공무원에 대한 임용권
   ③ 시·도지사에게 위임
   　- 시·도 소속 소방령 이상 소방준감 이하의 소방공무원에 대한 전보, 휴직, 직위해제, 강등, 정직 및 복직에 관한 권한 (소방본부장 및 지방소방학교장 제외)
   　- 소방정인 지방소방학교장에 대한 휴직, 직위해제, 정직 및 복직에 관한 권한
   　- 시·도 소속 소방경 이하의 소방공무원에 대한 임용권

22 ② LINK 이론서 306p

② 소방서는 **시·군·구 단위로 설치**하되, 소방업무의 효율적인 수행을 위하여 특히 필요한 경우에는 인근 시·군·구를 포함한 지역을 단위로 설치할 수 있다.

23 ② LINK 이론서 387, 453p

② 재난예방을 위한 안전조치(법 제31조) - **예방단계**

24 ③ LINK 이론서 357p

③ 자연재난은 인적재난에 비해 **광범위한 지역에서 발생한다.**

> ➕ 추가학습

재난의 특징
① 예방측면

자연재난	피해규모를 최소화 할 수 있는 여지가 있기는 하나, 근본적으로 예방할 수 없는 불가항력적 특징
인적재난	발생 원인이 "인위적"이라는 점에서 근본적인 예방이 가능

② 피해측면

자연재난	영향범위가 광범위하고, 재산피해와 사상자 발생이 넓은 지역에서 산발적으로 발생
인적재난	극소지역에서 재산피해와 사상자가 집중적으로 발생

③ 대응측면

자연재난	상황이 전개되는 시점에서 대응활동과 재난통제가 극히 제한적으로 진행
인적재난	재난대응활동과 재난통제의 가능성이 상대적으로 높다.

④ 시간적 측면

자연재난	장기간에 걸쳐 완만히 진행
인적재난	단기간에 걸쳐 급격히 완결

25 ② LINK 이론서 392~393p

② **시·군·구청장의 응급조치**에 해당한다.

> ➕ 추가학습

지역통제단장(소방본·서장)과 시·군·구청장의 응급조치
(지역통제단장은 ③ 진화의 응급조치, ⑤, ⑦의 응급조치만 한다)
① 경보의 발령 또는 전달이나 피난의 권고 또는 지시
② 안전조치
③ 진화·수방·지진방재, 그 밖의 응급조치와 구호
④ 피해시설의 응급복구 및 방역과 방범, 그 밖의 질서 유지
⑤ 긴급수송 및 구조 수단의 확보
⑥ 급수 수단의 확보, 긴급피난처 및 구호품의 확보
⑦ 현장지휘통신체계의 확보
⑧ 그 밖에 재난 발생을 예방하거나 줄이기 위하여 필요한 사항으로서 대통령령으로 정하는 사항

제 05 회 소방학개론 모의고사

01	②	02	①	03	④	04	④	05	③
06	②	07	③	08	①	09	④	10	②
11	①	12	①	13	①	14	①	15	①
16	③	17	①	18	①	19	②	20	②
21	③	22	①	23	①	24	②	25	①

01 ②   LINK 이론서 21p

(1) −15℃ 얼음 → 0℃ 얼음: 15[℃] × 0.5[cal/g·℃] = 7.5[cal/g]
(2) 0℃ 얼음 → 0℃ 물: 80 [cal/g]
(3) 0℃ 물 → 100℃ 물: 100[℃] × 1[cal/g·℃] =100[cal/g]
(4) 100℃ 물 → 100℃ 수증기: 539 [cal/g]
(5) 100℃ 수증기 → 115℃ 수증기: 15[℃] × 0.6[cal/g·℃]
    = 9[cal/g]
(6) (7.5 + 80 + 100 + 539 + 9)[cal/g] × 10[g] = 7,355[cal]
    = 7.355[kcal]

02 ①   LINK 이론서 54~55p

선지체크

ㄱ. 전도는 고체에서 매질을 통한 열전달 방법으로 온도상승에 따라 물질 내 분자운동이 활발해져 **분자 간의 충돌이 많아짐에 따라** 에너지가 인접 분자로 전달되는 것이다.
→ 온도 상승에 따른 **자유전자의 이동에 의해** 열에너지가 전달된다.

ㄹ. 완전진공상태에서 **복사열은 전달된다.**
→ 복사는 매질을 통하지 않고 전자파 형태로 열전달하기 때문에 열전달이 가능하다.

ㅁ. 열전도율: **기체보다 고체일 경우** 열전도율이 더 크다.
    (고체 > 액체 > 기체)

추가학습

열전달 형태

구분	내용
전도	① 고체 또는 정지상태의 유체 내에서 매질을 통한 열전달 방법 ② 분자 간의 충돌로 인접 분자로 에너지 전달 ③ 자유전자의 이동으로 에너지 전달 ④ 일반적으로 화재초기단계의 열전달 ⑤ 압력이 낮으면 열전도는 느림 ⑥ 진공 상태에서는 열 전도 × ⑦ 푸리에 전도법칙(전도는 온도차와 면적에 비례, 두께는 반비례) $Q = \dfrac{KA(T_2 - T_1)}{l}$
대류	① 액체 또는 기체(유체)의 밀도차에 의한 분자들의 흐름을 통한 열전달 (온도차 → 밀도차 → 부력차) ② 천장이 높은 건물이 화재초기에 감지기가 작동하지 않은 원인 ③ 층류보다 난류일 때 열 전달 용이 ④ 뉴턴의 냉각법칙(대류는 온도차와 면적에 비례) $Q = hA(T_2 - T_1)$
복사	① 매질 없이 전자파 형태로 열 전달(예: 태양열) ② 화재 시 열 이동에 가장 크게 작용 ③ 플래시오버에 큰 영향 ④ 진공상태에서도 손실 없이 열전달 가능, 일직선으로 이동 ⑤ 스테판-볼츠만 법칙(복사에너지는 절대온도 4제곱에 비례하고, 면적에 비례) $Q = \sigma \epsilon A(T_2^4 - T_1^4)$

03 ④   LINK 이론서 36p

ㄱ. 가연성 가스가 연소하는 데 필요한 공기(산소)량이 얼마나 존재하느냐에 따라 발화점은 달라진다.
ㄴ. 발화를 일으키는 공간의 사이즈가 큰지 작은지, 밀폐되어 있는지 공기가 유통되는지에 따라 발화점은 달라진다.
ㄷ. 가연물질이 점화원 없는 상태에서 스스로 가열·축적하여 발화하는 것으로 얼마나 빠르게 가열되고, 얼마나 오랫동안 가열하느냐에 따라 발화점은 달라진다.
ㄹ. 가연물질의 종류 및 열을 축적하는 방식에 따라 발화점은 달라진다.

추가학습

발화점이 달라지는 요인
① 가연성 가스와 공기의 조성비
② 발화를 일으키는 공간의 형태와 크기
③ 가열속도와 가열시간
④ 발화원의 종류와 가열방식
⑤ 촉매의 유무

04 ④   LINK 이론서 118~119p

④ **성장기**에 대한 설명이다.

단계	특징
초기 (발화기)	① 산소공급이 원활하지 않은 경우 훈소성 화재 발생 ② 독립연소, 다른 동으로의 연소 위험 없음 ③ 다량의 백색 연기
성장기 (중기, 성숙기)	① 화재의 진행변화가 급속하게 이루어짐(상황변화가 격렬하고 다양) ② 검은색 연기 ③ 연료지배형 화재 형태를 보임 ④ 최성기 직전 플래시오버(Flash over) 발생

최성기	① 연소가 가장 격렬한 시기 ② 열 분출속도는 증가, 발연량은 감소 ③ 복사열로 인해 인접건물로의 연소 확대 위험이 증가 ④ 천장이나 벽 등 구조물의 낙하 위험 ⑤ 공기 공급이 부족하면 환기지배형 화재로 전이될 수 있음
감쇠기 (종기, 감퇴기)	① 지붕, 기둥 벽체 등이 무너짐 ② 구획실 내에 있는 가연물을 소모함에 따라, 연소 확대 우려가 없음 ③ 백색 연기 ④ 다량의 공기 유입 시 백드래프트(Back draft) 발생 우려

➕ 추가학습

광학농도법(투과율법)

감광계수 [m⁻¹]	가시거리 [m]	현상
0.1	20~30	연기감지기가 작동할 때의 농도
0.3	5	건물 내부에 익숙한 사람이 피난에 지장을 느낄 정도
0.5	3	어두움을 느낄 정도
1	1~2	거의 앞이 보이지 않을 정도
10	0.2~0.5	최성기 때의 정도
30	-	출화실에서 연기가 분출할 정도

05 ③ LINK 이론서 51p

③ 연기의 비중은 공기보다 크지만 발생 직후의 연기는 온도가 높기 때문에 부피가 팽창하고, 밀도가 감소하므로 연기가 **건물의 아래에서 위쪽으로 이동한다.**
→ 건물의 내부의 온도가 건물 외부의 온도보다 높을 경우 굴뚝효과에 의한 연기의 흐름은 위로 이동한다.

✅ 선지체크

① 공기 중 부유하는 0.01~10[μm] 크기의 고체 또는 액체의 미립자이며, 다량의 연소 생성물(가스)을 함유하고 있다.
② 동일한 가연물에 있어서 환기지배형화재가 연료지배형화재에 비하여 불완전연소하기 때문에 연기발생량이 더 많다.
④ 고온상태의 연기는 유동확산이 빨라 화재전파의 원인이 되기도 한다.

06 ② LINK 이론서 37p

② 발화지연시간 발화시간 이후 형성된 가연성 혼합기체 온도가 상승되는 시간부터 발화가 일어날 때까지의 경과시간
→ 발화지연시간은 발화온도에 의존한다.
→ 발화온도가 낮을수록 발화지연시간은 길어진다.

✅ 선지체크

① 연소점은 일반적으로 인화점보다 5~10[℃] 높으나 **기체는 점화원 접촉시 바로 연소되므로 인화점과 연소점이 같다.**
③ **화씨온도란** 1기압 상태에서 물의 어는점을 32[℉], 끓는점을 212[℉]로 180등분한 것이다.
→ 섭씨온도란 1기압 상태에서 물의 어는점을 0[℃], 끓는점을 100[℃]로 100등분한 것이다.

④ 숨은열(잠열)이란 물질의 **온도변화 없이 상변화가 있을 때 필요한 열량**이다.
→ 현열(감열)이란 물질의 상변화 없이 온도변화가 있을 때 필요한 열량이다.

07 ③ LINK 이론서 73p

ㄱ. 증기폭발이란 액상에서 기상으로의 급격한 상변화에 따른 체적팽창으로 발생하는 폭발을 말한다.
→ **중합폭발: 염화비닐**

✅ 선지체크

ㄴ. 분해반응이 발열반응인 분해폭발성 가스가 압축 등 어떠한 원인에 의해 분해되어 발열, 착화, 압력 상승되어 폭발하는 것이다. 지연성 가스 없이 폭발이 가능하다. (예: 아세틸렌, 메틸아세틸렌, 비닐아세틸렌, 에틸렌, 산화에틸렌, 히드라진 등)
ㄷ. 탄진에서는 휘발분이 11% 이상이면 폭발하기 쉽고, 폭발의 전파가 용이하여 폭발성 탄진이라고 한다. (탄진: 탄갱 안의 공기 속에 떠다니는 아주 작은 석탄가루를 말한다)
ㄹ. 중합폭발: 염화비닐, 초산비닐 등과 같은 중합물질 모노머가 폭발적으로 중합되어 발열하고 압력이 상승되어 폭발하는 것 또는 단량체(monomer)로 고분자(ploymer) 물질을 생성하는 화학반응으로도 폭발하는 것 (예: 염화비닐, 초산비닐, 산화에틸렌, 시안화수소 등)

➕ 추가학습

폭발의 예

종류	물질
분해폭발	아세틸렌, 산화에틸렌, 히드라진 등
분진폭발	밀가루, 석탄가루, 금속분 등
중합폭발	시안화수소, 산화에틸렌, 염화비닐, 초산비닐 등

08 ② LINK 이론서 184p

② 부틸알코올(C_4H_9OH)은 제4류 위험물 중 제2석유류 비수용성 물질이다.

➕ 추가학습

제4류 위험물 중 알코올류

1분자를 구성하는 탄소원자의 수가 1개부터 3개까지인 포화1가 알코올(변성알코올을 포함한다),
다음 각 목 1에 해당하는 경우 제외
① 1분자를 구성하는 탄소원자의 수가 1개 내지 3개의 포화1가 알코올의 함유량이 60[wt %] 미만인 수용액
② 가연성액체량이 60[wt %] 미만이고 인화점 및 연소점이 에틸알코올 60[wt %] 수용액의 인화점 및 연소점을 초과하는 것

09 ④ LINK 이론서 28p

② 진한 황산(H_2SO_4)이 물에 녹을 때 방출하는 열량이란 용해열을 말한다. **용해열은 화학적 점화원에 해당하므로 가연물을 연소시킬 수 있다.**

✅ 선지체크

① 산화폭발은 산화반응에 의해 발생되는 폭발로서 물질에 따라 가스폭발, 분진폭발, 분무폭발로 분류할 수 있다.
③ 분해폭발이란 분해반응이 발열반응인 분해폭발성 가스가 압축 등 어떠한 원인에 의해 분해되어 발열, 착화, 압력 상승되어 폭발하는 것이다. 지연성 가스 없이 폭발이 가능하다. (아세틸렌의 폭발범위: 2.5~100[%])

10 ② LINK 이론서 183p

② 자연발화 방지를 위해 **pH9(약알칼리) 정도의 물속에 저장**하며 보호액이 증발되지 않도록 한다. **강알칼리를 만나면 맹독성인 포스핀가스(인화수소)가 생성된다.**

➕ 추가학습

황린(제3류 위험물)
연소반응식: $P_4 + 5O_2 \rightarrow 2P_2O_5$ (오산화린)
① 착화점(미분상) 34[℃], 착화점(고형상) 60[℃]이다.
② 담황색이며, 마늘냄새가 난다.
③ 공기 중에 노출 시 서서히 자연발화한다.
④ pH9 이상의 강알칼리 만나면 맹독성인 포스핀가스(인화수소)가 생성되기 때문에 pH9 이하의 물에 보관한다.
⑤ 연소할 때 오산화린의 흰 연기를 낸다.
⑥ 공기를 차단하고 약 250℃로 가열하면 적린(제2류 위험물)이 된다.

11 ① LINK 이론서 150~151p

① 유화효과를 높이기 위해서 질식효과의 물방울 입자크기보다 **약간 크게 하고 고압으로 방사해야 한다.**

✅ 선지체크

② 물은 비압축성이므로 압력이나 유속의 변화에 따라 체적이 변하지 않는다.
③ 무상으로 방사할 경우 봉상의 물 입자보다 더 빠르게 증발하며 많은 열량을 흡수하기 때문에 냉각소화효과가 더 크다.

➕ 추가학습

물 소화약제의 특성
① 표면장력이 크다.
② 비열과 증발잠열(증발열, 기화열)이 커서 냉각효과가 우수하다.
③ 물은 수증기로 변하면 약 1,700배 부피 팽창하여 질식소화 효과가 있다.
④ 비압축성이므로 압력이나 유속의 변화에 따라 체적이 변하지 않는(밀도의 변화를 무시할 수 있는 정도)다.
⑤ 물은 4[℃]일 때 밀도가 가장 높고 가장 무겁다.

12 ① LINK 이론서 214p

① 간이소화용구란 소화기 및 자동소화장치를 제외한 **소화능력단위 1단위 이하의 소화용구**로서 화재발생 초기단계에서 사용하지 않으면 소화효과를 기대하기 어려우며 일반적으로 1회용으로 제작되는 보조 소화용구이다.

• 소화약제 외의 것을 이용한 간이소화용구

간이 소화용구		능력단위
마른모래	삽을 상비한 50 L 이상의 것 1포	0.5 단위
팽창질석 또는 팽창진주암	삽을 상비한 80 L 이상의 것 1포	

✅ 선지체크

➕ 추가학습

② 소화기의 능력을 표시하는 것으로는 소화능력단위가 사용되며 검정시험을 거쳐 능력단위를 인정받게 된다. 검정시험은 A급 화재 소화능력시험, B급 화재 소화능력시험을 실시한 결과에 의해서 능력단위를 인정한다.
→ C급 화재용 소화기는 전기전도성시험에 적합하여야 하며 C급 화재에 대한 능력단위는 지정하지 아니한다.
→ K급 화재용 소화기는 K급 화재용 소화기의 소화성능시험에 적합하여야 하며, K급 화재에 대한 능력단위는 지정하지 아니한다.

③ 소화기 능력단위 기준

특정소방대상물	능력단위
위락시설	해당 용도의 바닥면적 30㎡마다 능력단위 1단위 이상
공연장, 집회장, 관람장, 문화재, 장례식장, 의료시설	해당 용도의 바닥면적 50㎡마다 능력단위 1단위 이상
근린생활시설, 판매시설, 운수시설, 숙박시설, 노유자시설, 전시장, 공동주택, 업무시설, 방송통신시설, 공장, 창고시설, 항공기 및 자동차 관련 시설, 관광휴게시설	해당 용도의 바닥면적 100㎡마다 능력단위 1단위 이상
그 밖의 것	해당 용도의 바닥면적 200㎡마다 능력단위 1단위 이상

④ 소화능력단위

소형소화기	능력단위 1단위이상 대형소화기 능력단위 미만
대형소화기	① A급: 능력단위 10단위 이상 ② B급: 능력단위 20단위 이상

13 ②   LINK 이론서 221, 223p

구분	내용
물올림장치	① 풋밸브에서 펌프 임펠러까지 항상 물을 충전(공회전 방지) ② 탱크의 유효수량 100[ℓ] 이상, 구경 15[mm] 이상의 급수배관에 따라 해당 탱크에 물이 계속 보급 ③ 물올림탱크, 배수관, 오버플로우용 배수관, 물올림관, 감수경보장치의 수신부와 물올림탱크에 물을 자동적으로 보급할 수 있는 장치 등으로 구성
순환배관 (릴리프밸브)	① 체절운전 시 수온의 상승을 방지 ② 펌프의 토출측 체크밸브 이전에서 분기시켜 20[mm] 이상의 배관에 체절압력 미만에서 개방되는 릴리프밸브 설치

14 ①   LINK 이론서 38p

① 휘발성이 낮을수록 자연발화가 일어나기 쉽다.

선지체크

② 발열속도가 방열속도보다 클 경우 열축적이 용이하므로 자연발화가 발생하기 쉽다.
③ 일정 수분은 촉매역할을 하여 반응속도를 가속시킨다. 따라서 습도가 높을수록 자연발화가 쉽다.
④ 화학적 점화원: 용해열, 연소열, 분해열, 자연발열(자연발화) 등

추가학습

자연발화가 일어나기 쉬운 조건
① 열 발생속도 > 열 방산속도
② 휘발성이 낮을수록
③ 축적된 열량이 큰 경우
④ 공기와의 접촉면이 큰 경우
⑤ 고온 다습한 경우
⑥ 단열된 상태에서 압력 상승하는 경우 (단열압축)

15 ①   LINK 이론서 199p

• 특수가연물

품명		수량
면화류		200kg 이상
나무껍질 및 대팻밥		400kg 이상
넝마 및 종이부스러기		1,000kg 이상
사류		
볏짚류		
가연성 고체류		3,000kg 이상
석탄·목탄류		10,000kg 이상
가연성 액체류		2㎥ 이상
목재가공품 및 나무부스러기		10㎥ 이상
고무류·플라스틱류	발포시킨 것	20㎥ 이상
	그 밖의 것	3,000kg 이상

선지체크

ㄴ. 나무부스러기: 10㎥ 이상
ㅁ. 플라스틱류(발포시키지 않은 것): 3,000kg 이상

16 ③   LINK 이론서 216p

• 옥내소화전설비 수원의 양

구분	내용
30층 미만	2.6[㎥] × 당해 층 옥내소화전 설치개수(최대 2개)
30층 이상 49층 이하 (고층 건축물)	5.2[㎥](130[L/min]×40분) × 당해 층 옥내소화전 설치개수(최대 5개)
50층 이상 (초고층 건축물)	7.8[㎥](130[L/min]×60분) × 당해 층 옥내소화전 설치개수(최대 5개)

→ 130[L/min] × 40분 × 4개 = 5.2[㎥] × 4개 = 20.8[㎥]

17 ①   LINK 이론서 155p

① 탱크의 가장자리 부분에만 화염이 지속되는 현상을 윤화현상(Ring Fire)이라고 한다. 내열성이 약한 **수성막포와 합성계면활성제포를 사용할 경우 윤화현상(Ring Fire)이 발생한다.**

추가학습

포 소화약제

구분	내유성	내열성	유동성	고발포
단백포	×	○	×	×
수성막포	○ (표면하주입)	× (윤화현상)	○	×
불화단백포	○ (표면하주입)	○	○	×
합성계면 활성제포	×	× (윤화현상)	○	○
내알코올포	○	○	○	×

18 ①   LINK 이론서 131p

자동소화설비를 설치하는 경우에는 규정 면적의 3배를 적용한다.
→ "11층 이상의 층 + 불연재료 + 스프링클러소화설비(자동소화설비) 설치" 이므로 1,500[㎥] 이내마다 구획한다.

선지체크

① 10층 이하의 경우 바닥면적 **1,000[㎥]이내마다 구획**한다.
② 11층 이상인 경우 바닥면적 200[㎥] 이내마다 구획하며, 불연재료 마감한 경우 **500[㎥]마다 구획**한다.
③ 매 층마다 구획한다. (지하 1층에서 지상으로 직접 연결하는 경사로 부위 제외)
④ "11층 이상의 층 + 불연재료 + 스프링클러소화설비(자동소화설비) 설치"이므로 **1,500[㎥] 이내마다 구획**한다.

➕ 추가학습

방화구획

주요구조부가 내화구조 또는 불연재료로 된 건축물로서 연면적이 1,000[㎡] 이상인 건축물에 적용

종류	기준	구조
면적별	① 10층 이하: 바닥면적 1,000[㎡] 이내 ② 11층 이상: 바닥면적 200[㎡] 이내 (불연재료: 500[㎡] 이내) * 자동소화설비: 위 기준의 3배 적용	내화구조의 바닥·벽, 60+방화문 또는 60분 방화문, 자동방화셔터
층별	매 층마다 구획 (지하1층에서 지상으로 직접 연결하는 경사로 부위 제외)	
용도별	주요 구조부를 내화구조로 해야 하는 대상 부분과 기타 부분 사이의 구획	
목조 건축물	바닥면적 1,000[㎡] 이내	방화벽

---

19 🔓②   LINK 이론서 124p

② 저밀도의 목재는 고밀도의 목재에 비해 열전도도가 낮고 내부에 공기를 많이 포함하고 있어서 고밀도의 목재보다 **낮은 온도에서 착화한다.**
→ 저밀도의 목재는 다공성을 가진다. 다공성일수록 산소와의 접촉 면적이 크므로 쉽게 발화된다.

✅ 선지체크

③ 수분이 적은 상태일수록 연소가 더 잘 된다.
④ 외관 특징(연소↑)
 – 작고 얇은 것 > 크고 두꺼운 것
 – 각지고 거친 것 > 둥글고 매끄러운 것
 – 페인트 칠 해진 것 > 페인트가 칠 해지지 않은 것
 – 목재 흑색(열 흡수↑) > 백색

➕ 추가학습

목재의 재료특성

① 구성요소: 셀룰로오스, 반셀룰로오스, 리그닌이며, 기타 부성분도 포함
② 열전도율이 작은 목재가 철재보다 연소가 더 잘 된다.
③ 열팽창률이 작은 목재가 철재보다 연소가 더 잘 된다(열팽창은 건물 붕괴 요인이 되기 때문에 목조건축물 화재 시 일반 콘크리트건축물의 화재보다 붕괴확률이 적다).
④ 함수율: 수분이 적은 상태일수록 연소가 더 잘 된다(수분함량이 15[%] 이상이면 고온을 장시간 접촉해도 착화가 어렵다).

---

20 🔓②   LINK 이론서 252p

② 저장용기에는 저장용기의 내부압력이 설정압력으로 되었을 때 주밸브를 개방하는 **정압작동장치**를 설치한다.
→ 정압작동장치: 분말상의 약제를 효율적으로 방출하기 위하여 가압용 가스가 약제저장 용기 내로 유입되면 분말약제와 가압용 가스가 소화하기 적당한 상태로 혼합된 후, 용기 내 내압이 설정압력에 도달하면 자동적으로 방출밸브를 개방(보통 15~30초의 시간이 소요)
→ 압력조정기: 가압용 가스용기의 경우는 용기내 질소가스가 일반적으로 15[MPa]의 고압으로 충전되어 있으므로 이를 그대로 약제 저장용기내로 공급을 하면 매우 위험하므로 사용압력인 1.5~2[MPa]로 감압을 하여 약제 저장용기에 보내주는 역할

✅ 선지체크

① 클리닝장치: 저장용기 및 배관에는 잔류 소화약제를 처리할 수 있는 청소장치
③ 교차회로방식: 2 이상의 화재감지기 회로 방식으로 설치하여 인접한 2 이상의 화재감지기가 동시에 감지하는 것
④ 소화약제의 방출 개시 후 1분 이상 경보를 계속할 수 있는 음향경보장치를 설치한다.

---

21 🔓③   LINK 이론서 334p

• 소방신호 방법

종류	타종 신호	사이렌 신호
경계	1타와 연 2타 반복	5초 간격을 두고 30초씩 3회
발화	난타	5초 간격을 두고 5초씩 3회
해제	상당한 간격을 두고 1타씩 반복	1분간 1회
훈련	**연 3타 반복**	**10초 간격을 두고 1분씩 3회**

✅ 선지체크

① 해제신호: **1분간** 1회
② 경계신호: 5초 간격을 두고 30초씩 **3회**
④ 발화신호: 5초 간격을 두고 **5초씩** 3회

---

22 🔓①   LINK 이론서 313p

① **소방정·소방령·소방경**인 소방공무원은 지휘역량교육을 받아야 한다.

✅ 선지체크

③ 정년에는 연령정년(60세)와 계급정년(소방감: 4년, 소방준감: 6년, 소방정: 11년, 소방령: 14년)이 있다.
④ 1973년 지방소방공무원법이 제정되어 국가직은 경찰공무원법을, 지방직(서울, 부산)은 지방소방공무원법을 적용받아 신분이 이원화되었다. 그 이후 1978년 소방공무원법이 시행됨에 따라 국가·지방 모두 소방공무원법을 적용받았다.

23 ②   LINK 이론서 245, 248p

② 압축공기포는 포약제를 물과 공기 또는 질소와 혼합시켜 물의 **표면장력을 감소시킨 것**이다.

> **추가학습**
>
> **압축공기포 소화설비**
> ① 포소화약제와 물이 혼합된 포수용액에 압축공기 또는 압축질소를 일정한 비율로 혼합하여 방출하는 설비이다.
> ② 압축공기 또는 압축질소 사용
> ③ 설치가능 장소:특수가연물 저장·취급하는 공장·창고, 차고 또는 주차장, 항공기격납고, 발전기실·엔진펌프실·변압기·전기케이블실·유압설비

24 ②   LINK 이론서 390, 463p

② 「재난 및 안전관리 기본법」 제34조의5
- **재난분야 위기관리 매뉴얼 작성·운용**

구분	내용
위기관리 표준매뉴얼	국가적 차원에서 관리가 필요한 재난에 대하여 재난관리 체계와 관계 기관의 임무와 역할을 규정한 문서
위기대응 실무매뉴얼	위기관리 표준매뉴얼에서 규정하는 기능과 역할에 따라 실제 재난대응에 필요한 조치사항 및 절차를 규정한 문서
현장조치 행동매뉴얼	재난현장에서 임무를 직접 수행하는 기관의 행동조치 절차를 구체적으로 수록한 문서

25 ①   LINK 이론서 361, 411p

① 재난이란 국민의 생명·신체·재산과 국가에 피해를 주거나 줄 수 있는 것으로서 **자연재난**과 **사회재난**으로 구분된다.

구분	내용
자연재난	태풍, 홍수, 호우, 강풍, 풍랑, 해일, 대설, 한파, 낙뢰, 가뭄, 폭염, 지진, 황사, 조류 대발생, 조수, 화산활동, 소행성·유성체 등 자연우주물체의 추락·충돌, 그 밖에 이에 준하는 자연현상으로 인하여 발생하는 재해
사회재난	화재·붕괴·폭발·교통사고(항공사고 및 해상사고를 포함)·화생방사고·환경오염사고 등으로 인하여 발생하는 대통령령으로 정하는 규모 이상의 피해와 국가핵심기반의 마비, 감염병 또는 가축전염병의 확산, 미세먼지 등으로 인한 피해

제 06 회 소방학개론 모의고사

01	③	02	④	03	②	04	①	05	①
06	①	07	③	08	④	09	②	10	①
11	②	12	③	13	②	14	③	15	③
16	②	17	③	18	③	19	①	20	①
21	②	22	①	23	②	24	④	25	③

01 ③ LINK 이론서 33p

ㄷ. 파라핀계 탄화수소의 탄소수 증가에 따라 증기압이 감소한다. 따라서 메탄이 부탄보다 증기압이 높다.
ㄴ, ㄹ. 정상 온도에서 높은 증기 압력을 가진 물질을 휘발성이 좋다고 할 수 있다. 액체의 온도가 증가함에 따라, 분자의 운동 에너지 또한 증가하는데, 분자의 운동 에너지가 증가함에 따라서 수증기로 변하는 분자의 수 또한 증가한다. 따라서 증기 압력이 증가한다.

선지체크
ㄱ. 액체의 표면이 가능한 작은 면적을 차지하기 위하여 스스로 수축하려고 작용하는 힘은 표면장력이라고 한다.

02 ④ LINK 이론서 55p

(1) 복사에너지는 절대온도의 4제곱에 비례한다.
(2) 섭씨온도를 절대온도로 변경하면 0[℃]는 273[K], 546[℃]는 819[K]가 된다.
(3) 273[K]에서 819[K]로 온도가 3배 증가한다. 스테판 볼츠만 법칙의 공식에 의해 T^4이므로 3^4로 계산한다. 따라서 복사에너지는 81배 증가한다.

추가학습
복사
① 매질 없이 전자파 형태로 열 전달(예: 태양열)
② 화재 시 열이동에 가장 크게 작용
③ 플래시오버에 큰 영향
④ 진공상태에서도 손실 없이 열전달 가능, 일직선으로 이동
⑤ 스테판-볼츠만 법칙(복사에너지는 절대온도 4제곱에 비례하고, 면적에 비례)
$$Q = \sigma \epsilon A (T_2^4 - T_1^4)$$

03 ② LINK 이론서 226~227p

② 화재 시 발생되는 기류의 온도·속도 및 작동시간에 대하여 스프링클러헤드의 반응조건을 반응시간지수로 지수화하여 감열체의 감도 특성을 표준화하였으며 스프링클러헤드의 감도를 이 RTI값에 따라 표준반응형, 특수반응형, 조기반응형 스프링클러헤드로 분류한다.
• 감도특성(RTI: 반응시간지수)에 따른 분류
1. 표준반응형 헤드의 RTI값: 80 초과~350 이하
2. 특수반응형 헤드의 RTI값: 50 초과~80 이하
3. 조기반응형 헤드의 RTI값: 50 이하

선지체크
① 디플렉타(반사판): 스프링클러헤드의 방수구에서 유출되는 물을 세분시키는 작용을 하는 것
③ 프레임: 나사부분과 디플렉타를 연결해주는 부분
④ 오리피스: 물의 흐름을 측정하고 유량을 조절하기 위하여 수조의 벽이나 바닥에 구멍을 뚫어 물을 흘려 보내는 유출구

04 ① LINK 이론서 122p

① 훈소와 표면연소 모두 불꽃(화염)없이 연소하는 모습을 보인다.

선지체크
② 훈소는 작은 구멍이 많은(다공성) 가연성 물질의 내부에서 발생하는 것으로 불꽃이 없이 타는 연소이다. 대표적인 예로 담배가 있다.
③ 훈소는 표면연소에 비하여 불완전연소하므로 많은 연기가 발생한다.
④ 숯은 표면연소의 대표적인 물질로 불꽃 없이 연소한다.

추가학습
표면연소와 훈소 비교

구분	표면연소	훈소
연소형태	작열연소 (불꽃 ×)	작열연소 (불꽃 ×)
가연성 증기발생	×	○
불꽃연소 가능성	전이 불가능	조건에 따라 전이 가능

05 ① LINK 이론서 35p

발화점이 낮아지는 조건

작을수록 (낮을수록)	활성화 에너지, 열전도율, 습도, 증기압, 금속의 열전도율
클수록 (높을수록)	화학적 활성도, 발열량, 산소와 친화력, 탄화수소계열의 분자량, 탄소수의 길이, 분자구조, 접촉하는 금속(용기 재질)의 열전도

선지체크
ㄱ. 화학적 활성도가 클수록
ㄷ. 접촉하는 금속(용기 재질)의 열전도가 클수록

06 ① LINK 이론서 28p

✓ 선지체크

② 고온표면 - 열적 / 유전열, 유도열 - 전기적
③ 기화열은 점화원이 될 수 없다.
④ 나화 - 열적(기계적으로 분류하는 경우도 있다) / 자연발열 - 화학적
→ 나화란 항상 화염을 가지고 있는 열 또는 화기를 말한다. (예: 난방, 난로, 담배, 소각, 보일러, 토치램프, 가스 냉장고의 작은 화염 등)

⊕ 추가학습

점화원

가연물에 불을 붙일 수 있는 근원이다. 가연물이 연소를 시작할 때 필요한 에너지를 활성화 에너지라고 하고, 그 활성화 에너지의 공급원

구분	종류
전기적 점화원	저항열, 아크열, 낙뢰열, 정전기, 유도열, 누전열, 유전열, 전기스파크 등
화학적 점화원	용해열, 연소열, 분해열, 자연발열(자연발화) 등
기계적 점화원	마찰열, 충격(스파크), 단열압축열 등
열적 점화원	고온표면, 적외선, 복사열, 나화 등

07 ③ LINK 이론서 157p

✓ 선지체크

ㄱ. 이산화탄소 소화약제는 압력을 가하면 액화되기 때문에 **고압가스 용기 속에서 액화시켜 보관하는 액화가스이다.** 액화 이산화탄소는 자체증기압이 매우 높기 때문에 다른 가압원의 도움 없이 자체 압력으로 방사가 가능하다.

⊕ 추가학습

취급상태에 따른 가스의 분류

압축가스	액화가스	용해가스
액화하기 어려워 일정한 압력에 의하여 기체 상태로 압축되어 있는 가스 (임계온도 < 실온)	쉽게 액화되어 액체 상태로 충전하는 가스 (임계온도 > 실온)	압축하거나 액화하면 분해폭발을 일으키므로 다공물질과 가스를 잘 녹이는 용제(아세톤, DMF)를 넣어 용해시켜 충전하는 가스
수소, 산소, 질소 등	암모니아, 염소, 산화에틸렌, 이산화탄소, LP가스(LPG, LNG) 등	아세틸렌 등

08 ④ LINK 이론서 123p

④ 폭발력 억제: 실내의 온도 상승이 높고 출입문이 안쪽으로 열릴 때에는 **출입문을 닫아 둔 채로 두거나, 조금만 열어 다량의 신선한 공기 유입을 막는다.**

⊕ 추가학습

백드래프트(Back draft)

① 공기 부족으로 훈소 상태에 있을 때, 불완전 연소된 가연성 가스와 열이 집적된 상태에서 일시에 다량의 공기(산소)가 공급될 때 순간적으로 연소, 폭발하는 현상 → 폭발 ○
② 발생시점: 성장기, 감쇠기(주로 감쇠기에서 발생)

구분	내용
발생징후	① 화염은 거의 보이지 않으나 창문과 문은 뜨겁다. ② 압력 차이로 외부공기가 내부로 빨려 들어가면서 휘파람 소리 또는 진동이 발생 ③ 개구부 틈새로 빨려 들어가는 공기의 영향으로 연기가 건물 내부에서 소용돌이치거나 맴돎 ④ 짙은 회황색으로 변하는 검은 연기가 관찰 ⑤ 창문에 농연 응축물이 흘러내리거나 얼룩진 자국이 관찰
방지대책	① 격리 ② 소화 ③ 환기 ④ 폭발력 억제
대응전술	① 배연(지붕환기)법 ② 급냉법 ③ 측면공격법

09 ② LINK 이론서 33p

• **혼합가스의 연소범위 (르샤틀리에 법칙)**

$$L(\%) = \frac{100}{\frac{V_1}{L_1} + \frac{V_2}{L_2} + \frac{V_3}{L_3} + \cdots}$$

- L: 가연성 혼합가스의 연소하한계[%]
- V_1, V_2, V_3: 각각의 가연성 가스의 체적[%]
- L_1, L_2, L_3: 각각의 가연성 가스의 연소하한계[%]

(1) $L(\%) = \dfrac{100}{\dfrac{50}{2.1} + \dfrac{30}{5} + \dfrac{20}{4}} = \dfrac{100}{34.809} = 2.872 ≒ 2.87[V\%]$

10 ①   LINK 이론서 73p

선지체크

ㄷ. 화재가 발생한 후 현장에 놓여 있던 가정용 LPG 용기가 가열되어 발생하는 폭발은 **물리적 폭발이다.**
ㄹ. **폭굉**은 화연전파속도가 미반응 매질 속에서 음속보다 큰 속도로 이동하는 폭발 현상이다.

추가학습

폭발의 원인별 분류

구분	내용
핵폭발	① 원자핵의 분열 또는 융합에 동반하여 발생되는 급격한 에너지 방출로 인해 발생
물리적 폭발	① 화학적 변화를 수반하지 않는 물리적인 손상이나 변화에 의하여 발생되는 폭발로 대부분 급격한 상변화에 의하여 발생 ② 고압용기의 파열, 탱크의 감압파손, 액체의 폭발적인 증발 등 눈에 보이는 물리적 변화 예) 증기폭발, 보일러 폭발 등
화학적 폭발	① 물질의 화학 반응에 의하여 온도가 상승, 과열되어 단시간 내에 급격한 압력 상승이 발생하여 이 압력이 급격히 방출되면서 발생하는 폭발 예) 산화폭발(가스폭발, 분진폭발, 분무폭발), 분해폭발, 중합폭발, 촉매폭발 등

11 ②   LINK 이론서 43p

② 유황은 고체 가연물이 열분해를 일으키지 않고 증발(승화성 물질의 단순 증발)하여 발생된 증기가 연소되거나 융해된 액체가 기화하여 증기가 된 후 연소(증발연소)한다.
→ 증발이나 열분해 없이 고체 표면에서 산소와 급격히 산화반응하여 물질자체가 연소하는 것은 표면연소이다.

선지체크

④ TNT(트리니트로톨루엔)는 제5류 위험물 중 니트로화합물에 해당하는 것으로 폭발성 화학물질이다.

추가학습

분출화재(제트파이어)

① 연소는 확산연소의 형태로 이루어지며, 연료의 분출속도와 외부 공기흐름에 따라 화염의 크기와 길이가 영향을 받게 된다.
② 보통 연료가스 배관의 플랜지, 배관의 구멍, 배관의 이음새에서 가스 누출 후 착화에 의해 발생한다.
③ 화재의 직경은 작으나 길게 늘어나는 화재로 복사열이 크다.

12 ③   LINK 이론서 178p

선지체크

① 제1류 위험물 - 요오드산염류 - **300kg**
② **제3류 위험물** - 황린 - 20kg
④ 제5류 위험물 - 니트로화합물 - **200kg**

추가학습

제4류 위험물

특수인화물	비수용성	이황화탄소, 디에틸에테르
	수용성	아세트알데히드, 산화프로필렌
제1석유류	비수용성	휘발유(가솔린), 벤젠, 톨루엔
	수용성	아세톤, 피리딘, 시안화수소
알코올류		메틸알코올, 에틸알코올, 프로필알코올
제2석유류	비수용성	등유, 경유, 클로로벤젠, 테레핀유
	수용성	아세트산(초산), 히드라진
제3석유류	비수용성	중유, 클레오소트유, 니트로벤젠
	수용성	에틸렌글리콜, 글리세린
제4석유류		윤활유, 기계유

13 ②   LINK 이론서 185p

② 불포화도가 **높을수록** 요오드값이 크며 산화되기 쉽다.

• **요오드 값**

유지의 불포화 지방 함유량
요오드가 클수록 산화되기 쉽고 자연발화 위험성이 높다.

동식물유류	건성유	아마인유, 들기름, 해바라기유 요오드값 130 이상
	반건성유	참기름, 면실유 요오드값 100 초과 130 미만
	불건성유	올리브유, 피마자유, 동백기름 요오드값 100 이하

14 ③   LINK 이론서 230p

③ 무대부 또는 연소할 우려가 있는 개구부에 있어서는 **개방형 스프링클러헤드**를 설치한다.

🔶 선지체크

① ④

소화설비의 구분	대상물 구분									
	건축물·그 밖의	공작물	전기설비	제1류 위험물		제2류 위험물			제3류 위험물		제4류 위험물	제5류 위험물	제6류 위험물
				알칼리금속과산화물등	그 밖의 것	철분·금속분·마그네슘 등	인화성고체	그 밖의 것	금수성물품	그 밖의 것			
스프링클러설비	○				○		○	○		○	△	○	○

➕ 추가학습
스프링클러설비 헤드
(1) 감열부 유무에 따른 분류
  ① 폐쇄형: 감열부가 ○
  ② 개방형: 감열부가 × (설치위치: 무대부 또는 연소할 우려가 있는 개구부)
(2) 부착위치에 의한 분류
  ① 하향식: 상방 살수 목적 (습식, 부압식)
  ② 상향식: 하방 살수 목적 (그 외의 설비)
  ③ 측벽식: 천장이 아닌 벽에 설치

15 ③   LINK 이론서 158p

(1) 최소소화농도: $CO_2[\%] = \dfrac{20-12}{20} \times 100 = 40[\%]$
(2) 최소설계농도 = 최소소화농도 × 1.2 = 40 × 1.2 = 48[%]

16 ①   LINK 이론서 100p

① 땅속에 있는 연료(유기물)가 타는 것은 지중화에 대한 설명이다. 지중화 발생 시 온도는 낮으나 나무의 뿌리를 태우며, 진화하기 어렵고 연소방향이 복잡한 메커니즘을 가지고 있다.

🔶 선지체크
② 바람을 타고 바람이 부는 방향으로 V자형으로 퍼지며, 연소의 폭이 20~40m의 너비를 가지게 된다.
④ 중심부 화염의 온도가 1,175°C 정도이며, 화염 주변의 온도는 섭씨 1,225°까지 올라간다.

➕ 추가학습
임야(산림) 화재

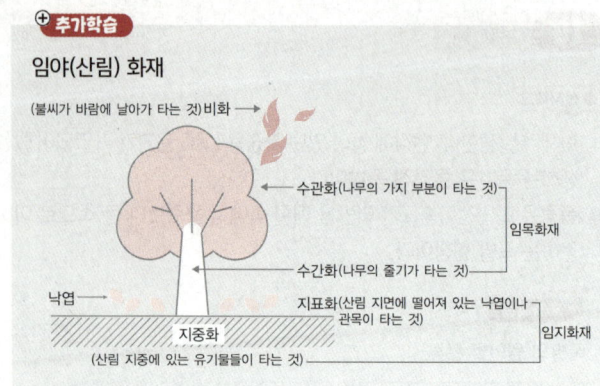

17 ①   LINK 이론서 106~107p

① 주요구조부가 하나로 연결되어 있는 것은 1동으로, 건널 복도 등으로 2 이상의 동에 연결되어 있는 것은 그 부분을 **절반으로 분리하여 각 동으로 한다.**

➕ 추가학습
건물 동수 산정

구분	내용
같은 동	① 주요구조부가 하나로 연결되어 있는 것 → 건널복도는 절반으로 분리하여 각 동 ② 건물의 외벽을 이용하여 실을 만들어 헛간, 목욕탕, 작업실, 사무실 및 기타 건물 용도로 사용하고 있는 것 ③ 구조에 관계없이 지붕 및 실이 하나로 연결되어 있는 것 ④ 목조 또는 내화조 건물의 경우 격벽으로 방화구획이 되어 있는 경우
다른 동	① 독립된 건물과 건물 사이에 차광막, 비막이 등의 덮개를 설치하고 그 밑을 통로 등으로 사용하는 경우 ② 내화조 건물의 옥상에 목조 또는 방화구조 건물이 별도 설치되어 있는 경우 → 건물의 기능상 하나인 경우(옥내 계단 있는 경우) 같은 동 ③ 내화조 건물의 외벽을 이용하여 목조 또는 방화구조건물이 별도 설치되어 있고 건물 내부와 구획되어 있는 경우 → 주된 건물에 부착된 건물이 옥내로 출입구가 연결되어 있는 경우, 기계설비 등이 쌍방에 연결되어 있는 경우 건물 기능상 하나인 경우 같은 동

18 ③   LINK 이론서 109p

③ 소방서장은 재산피해액이 100억원 이상 발생한 화재(**임야화재 제외**)의 경우 화재합동조사단을 구성하여 운영한다.

➕ 추가학습

화재합동조사단 운영 및 종료

소방관서장은 단장 1명과 단원 4명 이상을 화재합동조사단원으로 임명하거나 위촉할 수 있다.

소방청장	사상자가 30명 이상이거나 2개 시·도 이상에 걸쳐 발생한 화재(임야화재는 제외)
소방본부장	사상자가 20명 이상이거나 2개 시·군·구 이상에 발생한 화재(임야화재는 제외)
소방서장	사망자가 5명 이상이거나 사상자가 10명 이상 또는 재산피해액이 100억원 이상 발생한 화재(임야화재는 제외)

19 ①   LINK 이론서 150p

① 물은 **증발잠열(539[kcal/kg])이 커서** 증발 시 많은 열량을 흡수한다.

➕ 추가학습

물 소화약제의 특성

① 표면장력이 크다.
② 비열과 증발잠열(증발열, 기화열)이 커서 냉각효과가 우수하다.
③ 물은 수증기로 변하면 약 1,700배 부피 팽창하여 질식소화 효과가 있다.
④ 비압축성이므로 압력이나 유속의 변화에 따라 체적이 변하지 않는(밀도의 변화를 무시할 수 있는 정도)다.
⑤ 물은 4[℃]일 때 밀도가 가장 높고 가장 무겁다.

포 소화약제의 구비조건

① 포의 안전성이 좋아야 한다.
② 포의 내유성, 유동성이 좋아야 한다.
③ 포의 내열성이 좋아야 한다(소포성이 적어야 한다).
④ 유류와의 점착성(부착성)이 좋고 유류의 표면에 잘 분산되어야 한다.
⑤ 독성이 없어 인체에 무해해야 한다.

20 ①   LINK 이론서 46p

① **확산속도란 화재의 경계면이 이동되는 속도이다.**
→ 연소 시 화염이 미연소 혼합가스에 대하여 수직으로 이동하는 속도란 연소속도를 나타낸다.

➕ 추가학습

연소속도

① 연료 자체의 감소량이다.
② 연소시 화염이 미연소 혼합가스에 대하여 수직으로 이동하는 속도이다.
③ 수증기, 이산화탄소, 질소 등 불활성 가스가 증가하면 연소속도는 감소한다.
④ 연소속도=화염속도-미연소가스 이동속도

21 ②   LINK 이론서 222p

✅ 선지체크

① 펌프의 토출 측에는 **압력계를 체크밸브 이전에** 펌프토출 측 플랜지에서 가까운 곳에 설치하고, **흡입 측에는 연성계 또는 진공계를** 설치한다.
③ 유량측정장치는 성능시험배관의 직관부에 설치하되, 펌프의 정격토출량의 **175% 이상** 측정할 수 있는 성능이 있어야 한다.
④ 펌프의 성능은 **체절운전 시** 정격토출압력의 **140%를** 초과하지 아니하고, 정격토출량의 **150%로** 운전 시 정격토출압력의 **65% 이상**이 되어야 한다.

22 ①   LINK 이론서 310p

① 전보란 소방공무원의 **같은 계급 및 자격 내에서의** 근무기관이나 부서를 달리하는 임용을 말한다.

✅ 선지체크

② ③

	사	교	장	위	경	령	정	준감	감	정감	총감
임용권자		• 소방청장 임용				• 소방청장 제청 → 국무총리 → 대통령 임용 • 소방총감은 대통령이 임명					
						• 소방령·정·준감의 전보, 휴직, 직위해제, 강등, 정직, 복직 → 소방청장					
시보기간	• 소방장 이하: 6개월		• 소방위 이상: 1년								

④ 소방정·소방령·소방경인 소방공무원은 지휘역량교육을 받아야 하고, 소방령 이하의 소방공무원은 직무와 관련된 전문교육을 받아야 한다.

➕ **추가학습**

소방공무원법 용어의 정의
① 임용: 신규채용·승진·전보·파견·강임·휴직·직위해제·정직·강등·복직·면직·해임 및 파면
② 전보: 소방공무원의 같은 계급 및 자격 내에서의 근무기관이나 부서를 달리하는 임용
③ 강임: 동종의 직무 내에서 하위의 직위에 임명하는 것
④ 복직: 휴직·직위해제 또는 정직(강등에 따른 정직을 포함한다) 중에 있는 소방공무원을 직위에 복귀시키는 것

23 ② 　　　　　　　　　　 LINK 이론서 272p

② 상수도소화용수설비는 **호칭지름 75[mm] 이상의 수도배관**에 호칭지름 100[mm] 이상의 소화전을 접속해야 한다.

➕ **추가학습**

상수도소화용수설비의 설치기준
① 호칭지름 75[mm] 이상의 수도배관에 호칭지름 100[mm] 이상의 소화전을 접속해야 한다.
② 소화전은 소방자동차 등의 진입이 쉬운 도로변 또는 공지에 설치한다.
③ 소화전은 특정소방대상물의 수평투영면의 각 부분으로부터 140[m] 이하가 되도록 설치한다.

24 ④ 　　　　　　　　　　 LINK 이론서 56p

• **열역학 법칙**

열역학 0법칙	열평형의 법칙
열역학 1법칙	에너지 보존의 법칙
열역학 2법칙	엔트로피 증가의 법칙
열역학 3법칙	절대온도(0도)에 도달하게 되면 모든 열운동은 없다.

25 ③ 　　　　　　　　　　 LINK 이론서 392, 472p

③ 지역통제단장의 경우 **진화에 관한 응급조치, 긴급수송 및 구조 수단의 확보, 현장지휘통신체계의 확보의 응급조치**를 하여야 한다.
(「재난 및 안전관리 기본법」 제37조)

➕ **추가학습**

지역통제단장(소방본·서장)과 시·군·구청장의 응급조치
지역통제단장은 ③ 진화의 응급조치, ⑤, ⑦의 응급조치만 한다.
① 경보의 발령 또는 전달이나 피난의 권고 또는 지시
② 안전조치
③ 진화·수방·지진방재, 그 밖의 응급조치와 구호
④ 피해시설의 응급복구 및 방역과 방범, 그 밖의 질서 유지
⑤ 긴급수송 및 구조 수단의 확보
⑥ 급수 수단의 확보, 긴급피난처 및 구호품의 확보
⑦ 현장지휘통신체계의 확보
⑧ 그 밖에 재난 발생을 예방하거나 줄이기 위하여 필요한 사항으로서 대통령령으로 정하는 사항

제 07 회 소방학개론 모의고사

01	②	02	④	03	①	04	③	05	②
06	②	07	①	08	③	09	②	10	②
11	④	12	②	13	③	14	④	15	②
16	③	17	①	18	④	19	④	20	①
21	④	22	③	23	①	24	②	25	②

01 ② | 이론서 244p

I형 방출구	II형 방출구	III형 방출구 (표면하주입방식)
(그림)	(그림)	(그림)
방출된 포가 액면 위에서 전개될 수 있도록 탱크 내부에 포의 통로가 있는 설비	방출된 포가 탱크 측판 내부에 흘러내려서 액면에 전개되도록 포의 **반사판을 방출구에 설치**한 설비	탱크 화재 시 폭발에 의하여 고정방출구가 파괴되는 결점을 보완한 형태, 탱크저부에서 포를 주입

IV형 방출구(반표면하주입방식)	특형 방출구
(그림)	(그림)
표면하주입방식과 동일하게 탱크저부에서 포를 주입하는 방법으로 호스를 이용해서 포가 액면에 효과적으로 떠오르게 하는 방법	플로팅 루프탱크의 측면과 굽도리판에 의하여 형성된 환상부분에 포를 방출하여 소화작용을 하도록 설치된 설비

02 ④ | 이론서 30p

④ 연소범위의 상한계(UFL)를 **가연물의 최대용량비**라고도 한다.
 → 연소범위의 하한계(LFL)를 가연물의 최저용량비라 한다.

선지체크

① 연소범위는 연소가 일어나는데 필요한 가연성가스나 증기의 농도범위 또 다른 말로는 연소범위를 자력으로 화염을 전파하는 공간이라고도 한다.
② 물질이 연소하는 데는 가연물, 산소공급원, 점화원 연소의 3요소 또는 연쇄반응을 포함하여 연소의 4요소가 필요하다. 또한, 물적 조건과 에너지 조건을 만족하여야 되는데 이 물적 조건을 연소범위라 하며 에너지 조건을 발화온도나 발화에너지라고 한다.
③ 위험도 = $\dfrac{\text{연소상한계} - \text{연소하한계}}{\text{연소하한계}}$ 이므로, 연소범위가 넓을수록 상한계와 하한계 범위 차가 커진다. 따라서 위험도 값이 커지게 된다.

03 ① | 이론서 126p

ㄱ. 최성기의 화재 지속시간[min]은 **실내의 전체 가연물의 양[kg]을 연소속도[kg/min]로 나눈 값**이다.
 → 지속시간은 화재하중을 연소속도로 나눈 값이라고도 한다. 가연물의 양이 많을수록 연소 지속시간이 길어진다.
ㄷ. 화재강도란 발생되는 열의 집중이나 발열량의 크기를 나타내는 것으로, 단위시간당 **축적되는 열의 양**을 말한다. 따라서 **발화원의 크기와는 관련 없다**.

선지체크

ㄴ. 화재가혹도 = 최고온도(질적 개념) × 지속시간(양적 개념)
ㄹ. 열방출률

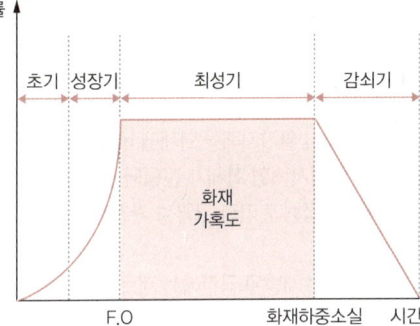

ㅁ. 화재가혹도는 화재의 세기를 말하며, 손실과는 비례관계로 화재가혹도가 크면 건축물과 수용재산의 손실은 커지고, 화재가혹도가 작으면 건축물과 수용재산의 손실도 작아진다.
 화재하중은 실제로 존재하는 가연물의 발열량을 목재의 발열량으로 환산한 것으로 화재 시 발열량 및 화재 위험성의 척도를 나타낸다.

추가학습

화재용어

구분	내용
화재강도 (최고온도)	① 단위 시간당 축적되는 열의 양(열 축적률) ② 화재강도가 클수록 주수율 ↑ ③ 영향인자 - 비표면적 ↑, 연소열(발열량) ↑, 공기(산소)공급 ↑ - 가연물의 배열상태 - 화재실의 단열이 좋을수록
화재하중 (지속시간)	① 화재 시 발열량 및 화재 위험성의 척도 ② 단위 면적당 가연물의 중량 ③ 실제로 존재하는 가연물의 발열량을 등가목재중량으로 환산한 것 ④ 화재하중이 클수록 주수시간 ↑ $Q = \dfrac{\sum G_i \cdot H_i}{H \cdot A} = \dfrac{\sum Q_t}{4,500A}\,[kg/m^2]$ • Q: 화재하중[kg/m²] • G_i: 가연물의 양[kg] • H_i: 단위중량당 발열량[kcal/kg] • H: 목재의 단위중량당 발열량 [4,500kcal/kg] • A: 화재실의 바닥면적[m²] • $\sum Q_i$: 화재실 내 가연물의 전 발열량[kcal]
화재가혹도 (화재심도)	① 화재가 당해 건물과 그 내부 수용재산 등을 파괴하거나 손상을 입히는 능력의 정도(화재의 세기) ② 손실과 비례관계 ③ 최고온도(질적개념) × 지속시간(양적개념)

04 ③   LINK 이론서 27p

(1) 메탄올의 완전연소반응식: $CH_3OH + 1.5O_2 \rightarrow CO_2 + 2H_2O$

(2) 화학양론농도 = $\dfrac{연료의\ 몰수}{연료의\ 몰수 + 공기의\ 몰수} \times 100$

$= \dfrac{1}{1 + \dfrac{1.5}{0.2}} \times 100 = 11.764 ≒ 11.76$

05 ②   LINK 이론서 120, 122p

② 개구부(환기구)가 클수록 공기공급이 잘되므로 연소가 활발해져 온도는 상승(비례)하고, 빠른 연소속도로 지속시간은 짧아진다(반비례).

선지체크

① 연료지배형 화재 시 환기지배형 화재에 비해 연소속도가 **빠르다**.
③ **백드래프트**는 **환기지배형 화재가 진행되고 있는 공간**에 산소가 일시적으로 다량 공급됨에 따라 가연성 가스가 폭발적으로 연소하는 현상이다.
④ **연료지배형 화재**는 개방된 공간에서 **재료의 특성에 따라** 진행속도가 결정된다.
 → **환기지배형 화재**는 밀폐된 공간에서 **환기요소에 따라** 진행속도가 결정된다.

추가학습

연료·환기지배형 화재

구분	특징
연료 지배	① 개방 공간, 목조건축물 ② 재료의 특성에 지배 ③ 산소량이 충분 → 연료의 종류나 특성에 따라 화재진행속도가 결정 ④ 당량비 < 1: 공기과잉
환기 지배	① 밀폐 공간, 내화구조, 지하층·무창층 ② 환기요소($A\sqrt{H}$)에 지배 - 환기요소: $A\sqrt{H}$ (A: 개구부 단면적, H: 개구부 높이) 환기요소는 개구부의 면적에 비례, 높이의 제곱근에 비례 ③ 산소량이 부족 → 연료량이 충분한 경우 산소량에 따라 화재진행속도가 결정 ④ 공기부족으로 불완전연소가 될 수 있고, 백드래프트나 폭발의 위험성 ↑ ⑤ 당량비 > 1: 공기부족

06 ②   LINK 이론서 212p

선지체크

ㄱ. 이산화탄소 소화약제, **포 소화약제**
ㄷ. 인산염류 소화약제, **팽창진주암 또는 팽창질석**
ㄹ. 중탄산염류 소화약제, **마른모래**

추가학습

소화기구의 소화약제별 적응성

소화약제 구분 적응대상	가스		분말			액체			기타		
	이산화탄소 소화약제	할론소화약제	할로겐화합물 및 불활성기체 소화약제	인산염류 소화약제	중탄산염류 소화약제	산알칼리 소화약제	강화액 소화약제	포 소화약제	물·침윤 소화약제	고체에어로졸 화합물	마른모래	팽창질석·팽창진주암	그 밖의 것
일반화재 (A급 화재)	-	○	○	○	-	○	○	○	○	○	○	○	-
유류화재 (B급 화재)	○	○	○	○	○	○	○	○	○	○	○	○	-
전기화재 (C급 화재)	○	○	○	○	○	*	*	*	*	○	-	-	*
주방화재 (K급 화재)	-	-	-	-	*	-	*	*	*	-	-	-	*

07 ①   LINK 이론서 185p

① 제4류 위험물은 대부분 유기화합물이며, **증기는 일반적으로 공기보다 무거워(증기비중이 크다) 낮은 곳에 체류**하기 쉬우며, 지면 또는 하수구 등을 따라 위험한 농도의 증기가 멀리까지 확산될 위험성을 지니고 있다.

선지체크

② 건성유 > 반건성유 > 불건성유 순으로 자연발화 위험성이 크다.
③ 분무연소는 비휘발성인 액체연료를 미립화(분무, 안개상태, mist)함으로 증발 표면적을 증가시켜 공기와의 혼합을 좋게 하여 연소하는 것이다. 이 경우 인화점 이하에서도 연소가 가능하다.
④ 비점=끓는점, 끓는점이 낮을수록 기화가 잘된다.

추가학습

제4류 위험물 특징

① 인화점이 낮아 연소하기 쉽다.
② 대부분이 유기화합물
③ 대부분 물질은 비중이 1보다 작아 물보다 가볍고 물에 잘 녹지 않는다.
④ 무독성이지만 증기는 공기보다 무거워 낮은 곳에 체류(시안화수소(HCN)의 증기는 공기보다 가볍다)
⑤ 공기와 접촉 시 가연성 혼합기를 형성
⑥ 전기적으로 부도체이며 정전기 축적이 용이하여 인화의 위험이 있다.
⑦ 액체는 유동성이 있고 화재 확대의 위험이 있다.

08 ③ LINK 이론서 28~29p

⊘ 선지체크

ㄷ. 유류는 전기의 **부도체**이므로 정전기는 **전기적 점화원**으로 작용할 수 있다.

⊕ 추가학습

정전기 점화원

구분	내용
발생과정	전하의 발생 → 전하의 축적(대전현상) → 방전 → 발화
발생 영향요인	① 대전서열이 멀수록 ② 물체의 표면이 거칠수록 ③ 물체의 처음 접촉·분리가 일어날 때 ④ 접촉압력·면적이 클수록 ⑤ 분리속도가 빠를수록
방지대책	① 접지 및 본딩 ② 상대습도를 70% 이상 유지 ③ 전도성이 큰 물체(도체) 사용 ④ 배관 내 유속을 제한하여 마찰을 감소 ⑤ 공기를 이온화 ⑥ 대전방지제, 제전기 사용 ⑦ 전위차를 작게

09 ② LINK 이론서 27, 31p

(1) 프로판의 완전연소 반응식: $C_3H_8 + 5O_2 \rightarrow 3CO_2 + 4H_2O$
(2) 프로판의 연소범위: 2.1~9.5
(3) 최소산소농도 = 연소하한계 × 산소몰수 = 2.1 × 5 = 10.5[%]

10 ② LINK 이론서 103p

② "초진"이란 소방대의 소화활동으로 화재확대의 위험이 현저하게 줄어들거나 없어진 상태를 말한다.
→ 완진: 소방대에 의한 소화활동의 필요성이 사라진 것을 말한다.

11 ④ LINK 이론서 155p

④ 환원시간이란 방출된 포가 파포되어(깨져서) 원래 포수용액으로 환원되는 시간을 말한다. 환원시간이 짧다는 것은 거품의 형태로 유지하지 못하고 거품이 빨리 깨진다는 것으로, **환원시간이 길어야 양호한 포소화약제가 된다.**

⊘ 선지체크

① ③ 발포배율이 커지면 포의 직경이 커지며 포의 막은 얇아지게 된다. 포의 막이 얇아지면 거품이 빨리 깨지므로(파포) 환원시간은 짧아진다.
② 발포배율이 작은 경우에는 포의 직경은 작으며, 포의 막은 두꺼워지고, 포의 환원시간은 길어지게 된다.

12 ③ LINK 이론서 169p

③ **불활성기체 소화약제**는 연쇄반응을 차단하는 **부촉매효과가 없다.**

• 할로겐화합물 및 불활성기체 소화약제
1. 할로겐화합물
   ① 물리적 소화: 냉각, 질식 효과
   ② 화학적 소화: 부촉매 효과
2. 불활성 기체
   ① 물리적 소화: 냉각, 질식 효과

13 ③ LINK 이론서 102p

구분	내용
완소흔	① 700~800℃ ② 비교적 천천히 더디게 타고 난 후 표면에 남는 갈라진 흔적 ③ 탄화홈이 얕고 사각 또는 삼각형을 형성
강소흔	① 900℃ ② 탄화홈이 깊고 만두 모양으로 요철형(계란판)의 모양
열소흔	① 1,100℃ ② 표면의 패인 홈의 깊이는 재가 되기 전 여러 흔적 중 가장 깊고 반원형 모양

14 ④ LINK 이론서 241p

④ 공동현상은 펌프 흡입구에서 유로 변화로 인해 **압력강하가 생겨** 그 부분의 압력이 **포화증기압보다 낮아지면** 발생한다.

⊕ 추가학습

펌프 이상현상

구분	내용
수격현상 (Water Hammer)	① 관내압력 상승하여 펌프에 손상을 주는 현상 ② 정전 등에 의한 펌프 구동력 차단에 따라 급정지 하는 경우가 대부분 ③ 방지대책: 수격방지기 설치, 관로에 서지탱크 설치, 플라이휠 부착
맥동(서징)현상 (Surging)	① 펌프 운전 중에 압력계기의 눈금이 어떤 주기를 가지고 큰 진폭으로 흔들림 ② 서징현상이 강할 때에는 극심한 진동과 소음을 수반
공동현상 (Cavitation)	흡입 양정이 높거나, 펌프 흡입구에서 유로 변화로 인해 압력강하가 생겨 그 부분의 압력이 포화증기압보다 낮아지면 표면에 증기가 발생되어 액체와 분리되어 기포로 나타나는 현상

15 ② LINK 이론서 183~184p

② 제2류 위험물 중 적린은 황린과 동소체이며, **황린과는 다르게 자연발화하지 않으므로 공기 중에 안전하다.**

> **추가학습**
>
> **동소체**
> ① 같은 원소로 되어 있으나 모양과 성질이 서로 다른 물질
> ② 연소생성물이 같으므로 연소생성물로 동소체를 확인
> ③ 적린(P)과 황린(P_4)은 연소생성물이 오산화린(P_2O_5)로 동소체이다.

16 ③ LINK 이론서 124p

③ 목조건축물 화재는 유류나 가스 화재와는 달리 일반적으로 **무염착화 후 발염착화로 이어진다.**

> 화재원인 → 무염착화 → 발염착화 → 출화(발화) → 최성기 → 연소낙하 → 진화

선지체크

② 열팽창은 건물 붕괴 요인이 된다. 따라서 목조건축물 화재 시 일반 콘크리트건축물의 화재보다 붕괴확률이 적다.

> **추가학습**
>
> **목조건축물화재**

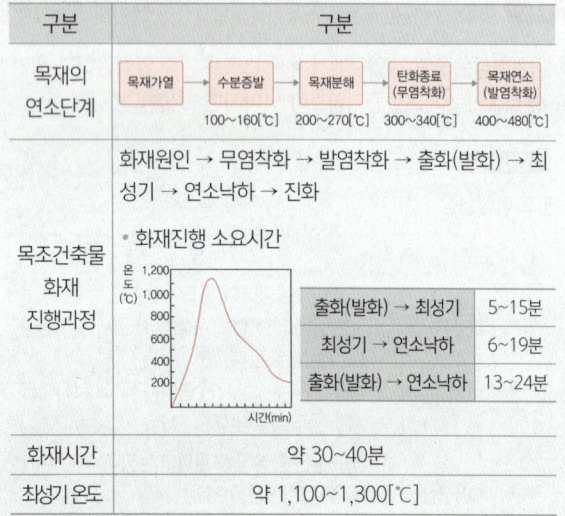

구분	구분
목재의 연소단계	목재가열 → 수분증발 → 목재분해 → 탄화종료(무염착화) → 목재연소(발염착화) 100~160[℃] 200~270[℃] 300~340[℃] 400~480[℃]
목조건축물 화재 진행과정	화재원인 → 무염착화 → 발염착화 → 출화(발화) → 최성기 → 연소낙하 → 진화 • 화재진행 소요시간 출화(발화) → 최성기 : 5~15분 최성기 → 연소낙하 : 6~19분 출화(발화) → 연소낙하 : 13~24분
화재시간	약 30~40분
최성기 온도	약 1,100~1,300[℃]

내화건축물 화재

구분	내화
진행과정	초기 → 성장기 → 최성기 → 감쇠기
화재시간	약 2~3시간
최성기 온도	약 900~1,000[℃]
표준 화재온도	시간 / 온도 30분 / 840 1시간 / 925 2시간 / 1,010 3시간 / 1,050

17 ① LINK 이론서 160~161p

① 분말소화설비에 사용하는 소화약제는 제1종 분말, 제2종 분말, 제3종 분말 또는 제4종 분말로 하여야 한다. 다만, **차고 또는 주차장에 설치하는 분말소화설비의 소화약제는 제3종 분말로 하여야 한다.**

18 ④ LINK 이론서 347p

④ **보건복지부장관**이 정하여 고시하는 기준에 해당하는 외국의 응급구조사 자격인정을 받은 사람

구분	설치
1급	① 대학 또는 전문대학에서 응급구조학을 전공하고 졸업한 사람 ② 보건복지부장관이 정하여 고시하는 기준에 해당하는 외국의 응급구조사 자격인정을 받은 사람 ③ 2급 응급구조사로서 응급구조사의 업무에 3년 이상 종사한 사람
2급	① 보건복지부장관이 지정하는 응급구조사 양성기관에서 대통령령으로 정하는 양성과정을 마친 사람 ② 보건복지부장관이 정하여 고시하는 기준에 해당하는 외국의 응급구조사 자격인정을 받은 사람

19 ④ LINK 이론서 106p

④ 병원치료를 필요로 하지 않는 단순하게 연기를 흡입한 사람은 부상 정도에서 **제외한다.**

중상	3주 이상의 입원치료를 필요로 하는 부상
경상	중상 이외의(입원치료를 필요로 하지 않는 것도 포함) 부상 → 다만, 병원치료를 필요로 하지 않고 단순하게 연기를 흡입한 사람은 제외

> **추가학습**
>
> **중증도 분류(Triage 분류)**

분류	색깔	심벌	증상
긴급 환자	적색	토끼	① 생명이 위험한 상태로 즉각적인 조치가 필요한 상태 ② 수분, 수시간 이내 응급처치를 요구하는 중증환자
응급 환자	황색	거북이	① 생명에는 큰 지장이 없는 부상 상태로 조치가 조금 지체되어도 상관없는 상태 ② 수시간 이내 응급처치를 요구하는 환자
비응급 환자	녹색	X표시	① 구급을 이송할 필요가 없는 경상인 상태 ② 수시간, 수일 후 치료해도 생명에 지장이 없는 환자
지연 환자	흑색	십자가 표시	① 사망 또는 구명 불가능한 상태

20 ① LINK 이론서 84p

- 방폭의 원리

가연성 혼합기가 존재하는 위험성 분위기가 생성되는 장소에 전기설비에서 발생하는 불꽃, 고온부 등과 같은 착화원이 점화원으로서 작용하지 못하도록 전기설비를 만드는 것이다.
① 점화원의 격리: 압력 방폭구조, 유입 방폭구조, 내압 방폭구조
② 전기설비의 안전도 증가: 안전증 방폭구조
③ 점화능력의 본질적 억제: 본질안전 방폭구조

◆ 선지체크

ㄷ. **점화능력의 본질적 억제**: 본질안전 방폭구조
ㄹ. **전기설비의 안전도 증가**: 안전증방폭구조

21 ④ LINK 이론서 400, 488p

- 재난유형별 긴급구조대응계획
① 재난 발생 단계별 주요 긴급구조 대응활동 사항
② 주요 재난유형별 대응 매뉴얼에 관한 사항
③ 비상경고 방송메시지 작성 등에 관한 사항

◆ 선지체크

ㄱ, ㄴ, ㄷ. 기본계획

◆ 추가학습

기본계획
① 긴급구조대응계획의 목적 및 적용범위
② 긴급구조대응계획의 기본방침과 절차
③ 긴급구조대응계획의 운영책임에 관한 사항

기능별 긴급구조대응계획

지휘통제	긴급구조체제 및 중앙통제단과 지역통제단의 운영체계 등에 관한 사항
비상경고	긴급대피, 상황 전파, 비상연락 등에 관한 사항
대중정보	주민보호를 위한 비상방송시스템 가동 등 긴급 공공정보 제공에 관한 사항 및 재난상황 등에 관한 정보 통제에 관한 사항
피해상황분석	재난현장상황 및 피해정보의 수집·분석·보고에 관한 사항
구조·진압	인명 수색 및 구조, 화재진압 등에 관한 사항
응급의료	대량 사상자 발생 시 응급의료서비스 제공에 관한 사항
긴급오염통제	오염 노출 통제, 긴급 감염병 방제 등 재난현장 공중보건에 관한 사항
현장통제	재난현장 접근 통제 및 치안 유지 등에 관한 사항
긴급복구	긴급구조활동을 원활하게 하기 위한 긴급구조차량 접근 도로 복구 등에 관한 사항
긴급구호	긴급구조요원 및 긴급대피 수용주민에 대한 위기 상담, 임시 의식주 제공 등에 관한 사항
재난통신	긴급구조기관 및 긴급구조지원기관 간 정보통신체계 운영 등에 관한 사항

재난유형별 긴급구조대응계획
① 재난 발생 단계별 주요 긴급구조 대응활동 사항
② 주요 재난유형별 대응 매뉴얼에 관한 사항
③ 비상경고 방송메시지 작성 등에 관한 사항

22 ② LINK 이론서 301p

- 소방공무원 신분 변천

구분	신분	
1949년 국가공무원법 제정	일반직공무원	
1969년 경찰공무원법 제정	경찰공무원	별정직공무원
1973년 지방소방공무원법 제정	국가직: 경찰공무원	별정직공무원
	지방직: 지방소방공무원	
1977년 소방공무원법 제정	소방공무원	별정직공무원
1983년 소방공무원법 제정	소방공무원	특정직공무원

◆ 선지체크

① **소방경 이하**의 소방공무원은 소방청장이 임용한다.
③ 「소방공무원법」상 복직이란 휴직·직위해제 또는 정직(강등에 따른 정직 **포함**) 중에 있는 소방공무원을 직위에 복귀시키는 것을 말한다.
④ 소방공무원 중징계에는 파면, 해임, **강등**, 정직 등이 있다.
→ 경징계: 감봉, 견책

23 ① LINK 이론서 34p

◆ 선지체크

② 증기압, 연소범위는 높거나 넓을수록 위험하다. / 표면장력, 비점: 작거나 낮을수록 위험하다.
③ 증발열, 인화점, 표면장력, 비열은 낮거나 작을수록 위험하다.
④ 연소속도, 연소열은 높거나 클수록 위험하다. / 발화점과 증발열은 낮거나 작을수록 위험하다.

◆ 추가학습

물질의 위험성을 나타내는 성질
① 온도가 높을수록
② 연소속도가 빠를수록
③ 연소범위가 넓을수록
④ 증기압이 높을수록
⑤ 연소열이 클수록
⑥ 인화점, 발화점, 비점, 융점이 낮을수록
⑦ 증발열, 비열이 작을수록
⑧ 비중이 작을수록
⑨ 표면장력이 작을수록

24 ③ LINK 이론서 47p

③ LC 50은 연소가스의 허용농도값이 **5,000ppm 이하**일 때 독성으로 분류한다.

구분	독성	맹독성
LC 50	5,000ppm	200ppm
TLV-TWA	200ppm	1ppm

선지체크

① 화염전파속도 = 연소속도 + 미연소가스 이동속도
② 선화란 역화의 반대 현상으로 연료가스의 분출속도가 연소속도보다 빠를 때 불꽃이 버너의 노즐에서 떨어져서 연소하는 현상으로 연소가스의 배출이 불안전한 경우 발생할 수 있다.
④ 염화수소
 - 염소성분이 함유되어 있는 염화비닐수지(PVC), 전선의 피복, 배관이 연소할 때 발생한다.
 - 유독성물질로 독성가스로 취급하고 있다.
 - 금속에 대한 강한 부식성이 있어 철을 녹슬게 한다.
 - 허용농도는 5ppm이다.

25 ② LINK 이론서 255p

② **보상식 스포트형감지기**는 정온점이 감지기 주위의 평상시 최고온도보다 20[℃] 이상 높은 것으로 설치한다.
 → 정온식 감지기는 주방·보일러실 등으로서 다량의 화기를 취급하는 장소에 설치하되, 공칭작동온도가 최고주위온도보다 20[℃] 이상 높은 것으로 설치한다.

추가학습

우선경보방식

① 대상: 층수가 11층(공동주택의 경우에는 16층) 이상인 특정소방대상물
② 경보방식

구분	경보 대상
2층 이상	발화층, 직상 4개층
1층	발화층, 직상 4개층, 지하층
지하층	발화층, 직상층, 기타 지하층

제 08 회 소방학개론 모의고사

01	①	02	④	03	③	04	④	05	①
06	④	07	③	08	④	09	④	10	①
11	④	12	②	13	④	14	②	15	④
16	①	17	②	18	①	19	②	20	①
21	②	22	③	23	③	24	④	25	①

01 ①   LINK 이론서 44~45p

ㄴ. 역화: 용기 밖의 압력이 **높을 때**
ㄹ. 선화: 1차 공기량이 **많은 경우** or **2차 공기의 공급**이 불충분한 경우
ㅁ. 불완전연소: 주위의 온도가 **낮을 때**

➕ 추가학습

이상연소 현상

구분	내용
불완전연소	① 공기의 공급량(산소량)이 부족할 때(환기재배형 화재일 때) ② 연소생성물의 배기량이 불량할 때 ③ 가스의 조성이 균일하지 못할 때(공급되는 가연물의 양이 많을 때) ④ 주위의 온도가 낮을 때
역화 (Back fire)	① 연소속도 > 가스분출속도 ② 버너과열로 가스온도가 상승된 경우 ③ 염공의 부식 등으로 넓어진 경우 ④ 공급가스의 압력이 저하된 경우 ⑤ 혼합 가스량이 너무 적을 때 ⑥ 용기 밖의 압력이 높을 때
선화 (Lifting)	① 연소속도 < 가스분출속도 ② 염공의 일부 막힘 등으로 분출속도가 증가된 경우 ③ 공급가스의 압력이 높은 경우 ④ 2차 공기의 공급이 불충분한 경우 ⑤ 연소가스의 배출이 불안전한 경우 ⑥ 공기조절장치를 너무 많이 열었을 경우(1차 공기량이 많은 경우)
블로우오프 (Blow-off)	화염이 노즐에 정착하지 못하고 떨어져 화염이 꺼지는 현상 ① 연소속도 << 가스분출속도 ② 주위 공기의 유동 발생한 경우
황염 (Yellow-tip)	불완전 연소로 불꽃의 색이 적황색을 띠는 연소 ① 1차 공기의 부족(기체연료와 공기의 화학양론비에서 공기량이 적을 때)한 경우 ② 저온의 물체에 접촉한 경우

02 ④   LINK 이론서 74~76p

• 원인물질별 상태에 따른 분류: 응상폭발, 기상폭발

구분	내용
응상폭발	증기폭발, **수증기 폭발**, 과열액체 증기폭발(BLEVE), 액화가스(극저온) 증기폭발, **고상간 전이 폭발**, 전선폭발, 불안정 물질의 폭발, 혼합·혼촉에 의한 폭발 등
기상폭발	가스폭발, 분해폭발, 분무폭발, 분진폭발, 증기운폭발

✓ 선지체크

① 분진폭발: 기상폭발
② 가스폭발: 기상폭발
③ 분무폭발: 기상폭발

03 ③   LINK 이론서 27p

(1) 프로판 2[㎥]의 완전연소반응식
$2C_3H_8 + 10O_2 \rightarrow 6CO_2 + 8H_2O$

(2) 이론공기량 = $\dfrac{이론산소량}{20\%}$ = $\dfrac{10}{0.20}$ = 50[㎥]

➕ 추가학습

이론공기량 공식

이론공기량(부피)	이론공기량(질량)
$\dfrac{이론산소량}{21[V\%]}$	$\dfrac{이론산소량}{23[W\%]}$

04 ④   LINK 이론서 51, 53~54p

ㄴ. **화점에 가까울수록** 온도가 높기 때문에 **연기의 흐름은 빨라지고, 화점과 멀어질수록 연기의 흐름은 늦어진다.**
  → 연기의 증기비중은 공기보다 크다. 하지만 온도가 높기 때문에 부력이 발생하여 상승하게 된다.
ㄹ. 연기의 제어방법: 배기, 희석, 차단
  → 배기: 건물 내의 압력차에 의하여 연기를 외부로 배출시키는 방법
  → 희석: 외부로부터 다량의 신선한 공기를 공급하여 연기의 농도를 낮추는 방법
  → **차단**: **일정한 장소 내로 들어오지 못하도록 막는 방법**

✓ 선지체크

ㄱ. 중성대는 건물의 내·외부의 압력이 같기 때문에 연기의 흐름이 가장 느리다.
ㄷ. 연기의 유동: 바람, 팽창, 부력, 공조설비, 피스톤효과, 연돌효과 등

05 ① LINK 이론서 152p

① 침투제는 **물의 표면장력을 감소시켜** 가연물에 대해 **침투성을 향상시키기 위한 첨가제**이다. 물의 침투가 용이하지 않은 원면화재, 심부화재에 효과적이다.

선지체크
② 부동액에 대한 설명이다. 물의 어는점을 0[℃] 이하로 낮추어 동결방지를 위한 첨가제이다.
③ 유화제에 대한 설명이다. 가연물 표면상에 물과 기름의 에멀전을 형성하여 유화층 형성을 돕기 위함 첨가제로 열류층을 형성하는 중질유화재에 효과적이다.
④ 증점제에 대한 설명이다. 물의 점성을 높여 흡착력을 증가시켜 소화수 유실을 최소화하기 위한 첨가제로 산림화재에 효과적이다. 점도를 증가시키면 침투성은 감소된다.

06 ④ LINK 이론서 213p

(1) 위락시설이므로 소화능력단위 1단위가 요구되는 바닥면적은 30㎡이다.
(2) 건축물이 내화구조이지만 가연재료로 되어있으므로 30㎡ 그대로 기준을 적용한다.
→ 소화능력단위 1단위가 요구되는 바닥면적: 30㎡
(3) $\frac{600}{30} = 20$
(4) 문제에서는 3단위의 소화기를 적용하는 것으로 하였으니
$\frac{20}{3} = 6.666 ≒ 7개$

추가학습
소화기구 능력단위
① 특정소방대상물의 설치장소에 따라 화재 종류별 적응성 있는 소화약제의 것으로 할 것
② 특정소방대상물별 소화기구의 능력단위는 다음 각 목에 따른 바닥면적마다 1단위 이상으로 한다.

30㎡	위락시설
50㎡	공연장, 집회장, 관람장, 문화재, 장례식장, 의료시설
100㎡	근린생활시설, 판매시설, 운수시설, 숙박시설, 노유자시설, 전시장, 공동주택, 업무시설, 방통송신시설, 공장, 창고시설, 항공기 및 자동차관련시설, 관광휴게시설
200㎡	기타

→ 건축물의 주요구조부가 내화구조이고, 벽 및 반자의 실내에 면하는 부분이 불연재료·준불연재료 또는 난연재료로 된 경우 위 기준의 2배를 적용

07 ③ LINK 이론서 121p

ㅂ. 플래시오버는 순간적으로 방 전체가 급격하게 타오르는 화재 확대 현상으로 구획실 내에서 발생하는 것이기 때문에 건물의 **층수와는 상관없다**.

선지체크
ㄱ. 발열량: 초기 가연물의 발열량이 클수록 F.O가 빠르게 진행된다.
ㄴ. 화원의 크기: 화원의 크기가 클수록 복사열이 많이 발생하므로 F.O가 빠르게 진행된다.
ㄷ. 벽보다 천장의 재료가 플래시오버에 영향이 더 크다. (천장의 재료가 가연재료일수록 F.O가 빠르게 진행된다)
ㄹ. 산소분압: 산소량이 많을수록 F.O가 빠르게 진행된다.
ㅁ. 개구율: 개구부 크기 클수록 F.O가 빠르게 진행된다. (개구율이 1/8일 때 가장 느리고 1/2 또는 1/3일 때 가장 빠르다)

08 ④ LINK 이론서 187~188p

④ 제6류 위험물 중 **할로겐간화합물을 제외하고 산소를 함유**하고 있으며 다른 물질을 산화시킨다.

선지체크
③ 과염소산, 질산은 강산성 물질이며 수용액도 강산작용을 나타낸다.

추가학습
제6류 위험물 특징
① 강산화제로 분해 시 산소를 방출
② 자신은 불연성이며 다른 가연물의 연소를 돕는 조연성(지연성) 물질
③ 모두 무기화합물이며, 비중이 1보다 크며 물에 잘 녹는다.
④ 과산화수소를 제외하고 물과 접촉 시 발열한다.
⑤ 과산화수소를 제외하고 분해하여 유해성 가스를 발생하며 부식성이 강하다.
⑥ 과산화수소를 제외하고 강산성 물질이다.

09 ④ LINK 이론서 49p

④ 청산가스라고도 불리는 시안화수소는 헤모글로빈과 **결합하지 않고도** 호흡저해를 통한 질식을 유발한다.

선지체크
① 이산화탄소
- 공기보다 무거운 무색, 무취인 가스이다.
- 불연성 물질이며 완전연소 시 발생한다.
- 자체는 독성이 거의 없으나 호흡속도를 증가시켜 유해가스 흡입을 증가시킨다.
- 다량 존재 시 산소 부족을 유발하여 질식 우려가 있다.
- 허용농도는 5,000ppm이다.
② 온도차가 발생할 경우 열은 높은 곳에서 낮은 곳으로 이동하며 열을 전달하는 방법에는 전도, 대류, 복사가 있다.

③ 연소 시 불꽃의 색과 온도

불꽃의 색상	온도[°C]
담암적색	520
암적색	700
적색	850
휘적색	950
황적색	1,100
백적색	1,300
휘백색	1,500

10 ①   LINK 이론서 126p

① 화재가혹도는 화재하중(지속시간)과 화재강도(최고온도)로 구성(지속시간×최고온도)되며, 화재강도는 **단위 시간당 축적되는 열의 양**으로, 화재하중은 단위 면적당 가연물의 중량으로 계산한다.

◆ 선지체크

② 화재저항이란 화재시 최고온도의 지속시간(화재가혹도)을 견디는 내력을 말한다.
③ 화재가혹도는 방호공간 안에서 화재의 세기를 말하며, 화재가혹도가 크면 건축물과 수용재산의 손실은 커지고, 화재가혹도가 작으면 건축물과 수용재산의 손실도 작아진다.

✚ 추가학습

화재저항 요구 성능
① 차열성: 구조부재의 표면 가열 시 이면의 온도가 상승하지 않는 성능
② 차염성: 구조부재의 표면 가열 시 이면으로 화염이 통과하지 않는 성능
③ 하중지지력: 시험체가 성능기준을 만족하며 시험 하중에 견디는 능력

11 ④   LINK 이론서 94p

④ 우리나라 KS B 6259 화재분류에서는 화재를 일반화재(A급 화재), 유류화재(B급 화재), 전기화재(C급 화재), 금속화재(D급 화재)으로 분류하고 있지만, 소방청에서 고시하는 「소화기구 및 자동소화장치의 화재안전기준」 또는 「소화기의 형식승인 및 제품검사의 기술기준」에서는 일반화재(A급화재), 유류화재(B급 화재), 전기화재(C급 화재), 주방화재(K급 화재)로 정의하고 있을 뿐 금속화재에 대해서는 정의하고 있지 않다. **따라서 소방에서는 금속화재를 정하고 있지 않다고 볼 수 있다.**

◆ 선지체크

① 일반화재란 목재, 섬유, 고무, 플라스틱 등과 같은 일반 가연물의 화재를 말하며, **발생빈도나 피해액이 가장 큰 화재이다.**
③ 전류가 흐르고 있는 전기설비에서 불이 난 경우의 화재를 말하며, 전기화재에 대한 소화기의 적응화재별 표시는 C와 **청색으로 표시한다.**
② 가연성 액체 등에서 발생하는 유류화재에 대한 소화기의 적응화재별 표시는 **B로 표시한다.**

✚ 추가학습

가연물 성상에 따른 분류

분류	색상	특징	소화
A급 (일반화재)	백색	① 보통화재, 산소와 친화력이 강한 물질에 의한 화재 ② 연기의 색상 백색 ③ 연소 후 재 O	냉각소화
B급 (유류화재)	황색	① 연기의 색상 흑색 ② 연소 후 재 × ③ 화재 진행속도: 유류화재 > 일반화재 ④ 활성화에너지: 유류화재 < 일반화재 ⑤ 전기적으로 부도체 ⑥ 주수소화 시 연소면 확대 우려	질식소화
C급 (전기화재)	청색	① 전류가 흐르고 있는(통전 중) 전기기기에서 발생한 화재 ② 원인: 단락, 합선, 과전류·과부하, 누전, 지락, 절연열화 또는 탄화, 스파크, 정전기, 낙뢰, 열영향과, 접속부 과열 등	질식소화 제거소화
D급 (금속화재)	무색	① 일반가연성물질화재보다 온도↑ ② 대부분 물 또는 이산화탄소와 반응하여 발열 및 가연성 가스 발생 　구분　│　발생가스 탄화칼슘(카바이트) │ 아세틸렌 탄화알루미늄 │ 메탄 인화칼슘(인화석회) │ 포스핀 (가연성) 나트륨, 칼륨, 마그네슘, 철분 등 │ 수소 무기과산화물 │ 산소 (지연성)	질식소화
E급 (가스화재)	황색	① 연기의 색상 흑색 ② 가연성 가스 누설 시 스파크 발생 우려가 있어 배기팬 사용 × → 창문을 열어 환기	제거소화

12 ②   LINK 이론서 137p

② 화재나 정전 시 주위가 어두워지면 **밝은 쪽으로 피난하는 본능 지광본능**에 관한 내용이다.

◆ 선지체크

① 귀소본능
③ 퇴피본능
④ 추종본능

> **추가학습**
>
> 인간의 피난본능
> ① 귀소본능: 익숙한 경로
> ② 지광본능: 밝은 쪽으로 피난
> ③ 추종본능: 한 사람의 리더를 추종
> ④ 퇴피본능: 발화의 반대 방향으로 이동
> ⑤ 좌회본능: 오른손잡이는 오른발을 축으로 좌측으로 회전

13 ③ LINK 이론서 108p

건축·구조물의 소실정도는 입체면적에 대한 비율로 정한다.

구분	내용
전소	① 건물의 70% 이상이 소실 ② 그 미만이라도 잔존부분을 보수하여도 재사용이 불가능한 것
반소	건물의 30% 이상 70% 미만이 소실된 것
부분소	전소, 반소화재에 해당되지 아니하는 것

ㄱ. 입체면적: 10[㎡] × 6면 = 60[㎡]
　→ 60[㎡]의 70[%] = 42[㎡]
　→ 70[%] 이상 소실되었으므로 전소에 해당한다.

> **선지체크**
>
> ㄴ. 150[㎡]의 70[%] = 105[㎡]
> 　→ 70[%] 이상 소실되었으므로 **전소에 해당**한다.
> ㄷ. 재사용이 불가능한 경우는 **전소에 해당**한다.

14 ② LINK 이론서 167p

• 할로겐화합물 소화약제 [HCFC BLEND A]
① HCFC-123($CHCl_2CF_3$): **4.75%**
② HCFC-22($CHClF_2$): 82%
③ HCFC-124($CHClFCF_3$): **9.5%**
④ $C_{10}H_{16}$: **3.75%**

15 ④ LINK 이론서 161p

④ 제3종 분말소화약제는 약제 분해 시 **메타인산(HPO_3)에 의해 연소면에 유리피막이 형성(방진효과)**되므로 일반화재에서도 사용이 가능하다.
　→ 오르소인산(H_3PO_4)은 탄화·탈수 효과가 있다.

> **선지체크**
>
> ① 유류탱크 화재처럼 불타는 물질에 직접 방출하는 경우 가장 효과적인 소화작용으로, 산소 농도 저하에 따른 질식 효과가 사라진 후에도 냉각된 유류는 연소에 필요한 가연성 기체를 증발시키지 못하게 하기 때문에 재연소를 방지할 수 있다.
> ② 고팽창의 경우 저팽창포보다 수분이 적은 관계로 옥내에서는 효과가 있으나 옥외설비에서는 기후(온도·바람·습도 등)에 영향을 받는다.
> ③ 금속화재는 1,500℃ 이상의 고온화재이며 물, CO_2소화약제를 사용하는 경우 급격한 연소확대 및 수증기 폭발을 일으킬 위험이 있으므로 금속화재 전용의 소화약제를 사용해야 한다.

16 ① LINK 이론서 200~201p

① 실외에 쌓아 저장하는 경우 쌓는 부분이 대지경계선, 도로 및 인접 건축물과 **최소 6m 이상** 간격을 두어야 한다.

> **추가학습**
>
> 특수가연물 저장·취급 기준
> (석탄·목탄류를 발전용으로 저장하는 경우는 제외)
> ① 품명별로 구분하여 쌓을 것
> ② 높이 및 면적기준

구분	살수설비를 설치하거나 방사능력 범위에 해당 특수가연물이 포함되도록 대형수동식소화기를 설치하는 경우	그 밖의 경우
높이	15m 이하	10m 이하
쌓는 부분의 바닥면적	200㎡ 이하 (석탄·목탄류: 300㎡)	50㎡ 이하 (석탄·목탄류: 200㎡)

③ 실내·외에 설치하는 경우 기준

구분	실내	실외
바닥면적 사이	1.2m 또는 쌓는 높이의 1/2 중 큰 값 이상	3m 또는 쌓는 높이 중 큰 값 이상
추가기준	① 주요구조부는 내화구조이면서 불연재료 ② 다른 종류의 특수가연물과 같은 공간에 보관하지 않을 것(내화구조의 벽으로 분리하는 경우는 가능)	쌓는 부분이 대지경계선, 도로 및 인접 건축물과 최소 6m 이상 간격(쌓는 높이보다 0.9m 이상 높은 내화구조 벽체를 설치한 경우 간격 기준 제외)

• 특수가연물 표지
① 품명, 최대저장수량, 단위부피당 질량 또는 단위체적당 질량, 관리책임자 성명·직책, 연락처 및 화기취급의 금지표시가 포함된 특수가연물 표지를 설치
② 특수가연물 표지의 규격 (한 변의 길이: 0.3m 이상, 다른 한 변의 길이: 0.6m 이상인 직사각형)

구분	바탕	문자
표지	흰색	검은색
표지 중 화기엄금 표시	붉은색	백색

③ 특수가연물 표지는 특수가연물을 저장하거나 취급하는 장소 중 보기 쉬운 곳에 설치

17. ② LINK 이론서 230, 233~235p

(ㄱ) 폐쇄형 헤드를 사용하는 스프링클러설비: 습식, 건식, 준비작동식, 부압식
(ㄴ) 교차회로방식(오동작을 줄이기 위한 회로의 감지기): 준비작동식, 일제살수식

➕ 추가학습
스프링클러설비 종류

구분		습식	건식	준비작동식	일제살수식	부압식
사용헤드		폐쇄형	폐쇄형	폐쇄형	개방형	폐쇄형
배관	1차측	가압수	가압수	가압수	가압수	가압수
	2차측	가압수	압축공기	대기압(저압공기)	대기압	부압수
경보밸브		알람체크밸브	드라이밸브	프리액션밸브	델류즈밸브	프리액션밸브
감지기		×	×	○	○	○
동결우려		○	×	×	×	○

18. ① LINK 이론서 108p

① 건물 등 자산에 대한 최종잔가율은 건물·부대설비·구축물·가재도구는 **20%**로 하며, 그 이외의 자산은 **10%**로 정한다.

19. ② LINK 이론서 34~35p

② 연소점이란 연소상태가 계속될 수 있는 온도를 말하며, 일반적으로 인화점보다 대략 10℃ 정도 높은 온도로서 연소상태가 5초 이상 유지될 수 있는 온도이다. 이것은 가연성 **증기 발생속도가 연소속도보다 빠를 때** 이루어진다.
→ 연소점은 연소상태가 지속될 수 있는 온도를 말하는 것으로 연소속도보다 가연성 증기의 발생속도가 빨라야만 그 가연성 증기를 연소시키며 연소가 지속될 수 있다.

➕ 추가학습
에너지 조건

구분	내용
인화점 (유도발화점)	① 가연물에 점화원을 가했을 때 연소할 수 있는 최저온도 ② 가연성 혼합기를 형성하는 최저온도 ③ 액체의 증기가 연소범위 하한계에 이르러 점화되는 최저온도 ④ 물적 조건과 에너지 조건이 만나는 최솟값 ⑤ 「위험물안전관리법」상 제4류 위험물의 기준을 정하는 척도
연소점	① 점화원을 제거한 후에도 5초 이상 지속적으로 연소할 수 있는 최저온도 ② 일반적으로 인화점보다 5~10℃ 높다. (인화점 < 연소점 < 발화점) ③ 증기발생속도 > 연소속도
발화점 (착화점, 자연발화점)	① 점화원 없이 스스로 발화할 수 있는 최저온도 ② 발열속도가 방열속도보다 클 경우 계에 열이 축적되고 온도가 상승하여 발화온도 이상 시 발생 (발열속도 > 방열속도)

20. ① LINK 이론서 34p

$$위험도\ H = \frac{연소상한계(UFL) - 연소하한계(LFL)}{연소하한계(LFL)}$$
$$= \frac{74 - 12.5}{12.5} = \frac{61.5}{12.5} = 4.92$$

21. ② LINK 이론서 292p

② 분업의 원리: 전문화의 원리 또는 기능의 원리라고도 한다. 조직의 업무를 성질별로 나누어 조직 구성원에게 한 가지의 주된 업무를 전담시킴으로써 조직의 능률을 향상시키는 원리이다.

➕ 추가학습
소방조직의 기본원리

① 분업의 원리: 전문화의 원리 또는 기능의 원리라고도 한다. 조직의 업무를 성질별로 나누어 조직 구성원에게 한 가지의 주된 업무를 전담시킴으로써 조직의 능률을 향상시키는 원리이다.
② 명령계 통일의 원리: 한 사람의 부하는 한 사람의 상관으로부터만 명령을 받아야 한다는 원리이다.
③ 계층제의 원리: 구성원들 간에 상·하의 계층을 설정하여 명령, 지휘, 감독 체계를 확립하는 원리이다.
④ 통솔범위의 원리: 한 사람의 상관이 감독하는 부하의 수는 그 상관의 통제능력 범위 내로 한정되어야 한다는 원리이다.
⑤ 조정의 원리: 조직의 공통목표를 달성하기 위해 구성원의 노력을 통합하고 조정하는 원리이다.
⑥ 계선의 원리: 특정 사안에 대한 결정에 있어서 의사결정과정에서는 개인의 의견이 참여되지만 결정을 내리는 것은 개인이 아닌 소속기관의 장이다.

22 ④ LINK 이론서 348p

응급구조사 업무

1급
① 심폐소생술의 시행을 위한 기도유지(기도기의 삽입, 기도삽관, 후두마스크 삽관 등을 포함)
② 정맥로의 확보
③ 인공호흡기를 이용한 호흡의 유지
④ 약물투여: 저혈당성 혼수 시 포도당의 주입, 흉통 시 니트로글리세린의 혀아래 투여, 쇼크 시 일정량의 수액투여, 천식발작 시 기관지확장제 흡입
⑤ 2급 응급구조사의 업무

2급
① 구강내 이물질의 제거
② 기도기를 이용한 기도유지
③ 기본 심폐소생술
④ 산소투여
⑤ 부목·척추고정기·공기 등을 이용한 사지 및 척추 등의 고정
⑥ 외부출혈의 지혈 및 창상의 응급처치
⑦ 심박·체온 및 혈압 등의 측정
⑧ 쇼크방지용 하의 등을 이용한 혈압의 유지
⑨ 자동심장충격기를 이용한 규칙적 심박동의 유도
⑩ 흉통 시 니트로글리세린의 혀아래 투여 및 천식 발작 시 기관지 확장제 흡입(환자가 해당약물을 휴대하고 있는 경우에 한함)

23 ③ LINK 이론서 403, 497p

③ 지역대책본부장은 관할지역에서 발생한 재난으로 인하여 특별재난지역의 선포에 관한 사유가 발생한 경우에는 **중앙대책본부장에게 특별재난지역의 선포 건의를 요청할 수 있다.**
(「재난 및 안전관리 기본법」 제60조 제3항)

➕ 추가학습

특별재난지역의 선포
① 선포권자: 대통령
② 선포건의권자: 중앙대책본부장이 중앙위원회의 심의를 거쳐
③ 선포목적: 대통령령이 정하는 규모의 재난이 발생하여 국가의 안녕 및 사회질서의 유지에 중대한 영향을 미치거나 그 재난으로 인한 피해를 효과적으로 수습 및 복구하기 위하여 특별한 조치가 필요하다고 인정하는 경우

중앙대책본부장이 대통령에게 특별재난지역의 선포를 건의할 수 있는 재난
① 자연재난으로서「자연재난 구호 및 복구 비용 부담기준 등에 관한 규정」제5조 제1항에 따른 국고 지원 대상 피해 기준금액의 2.5배를 초과하는 피해가 발생한 재난
② 자연재난으로서「자연재난 구호 및 복구 비용 부담기준 등에 관한 규정」제5조 제1항에 따른 국고 지원 대상에 해당하는 시·군·구의 관할 읍·면·동에 같은 항 각 호에 따른 국고 지원 대상 피해 기준금액의 4분의 1을 초과하는 피해가 발생한 재난
③ 사회재난의 재난 중 재난이 발생한 해당 지방자치단체의 행정능력이나 재정능력으로는 재난의 수습이 곤란하여 국가적 차원의 지원이 필요하다고 인정되는 재난
④ 그 밖에 재난 발생으로 인한 생활기반 상실 등 극심한 피해의 효과적인 수습 및 복구를 위하여 국가적 차원의 특별한 조치가 필요하다고 인정되는 재난

24 ④ LINK 이론서 369, 419p

④ **안전정책조정위원회**의 심의사항이다.
(「재난 및 안전관리 기본법」 제10조 제1항 제4호)

➕ 추가학습

중앙안전관리위원회

1. 구성
   ① 위원장: 국무총리
   ② 위원: 대통령령으로 정하는 중앙행정기관 또는 관계 기관·단체의 장
   ③ 간사: 행정안전부장관

2. 기능
   ① 재난 및 안전관리에 관한 중요 정책에 관한 사항
   ② 국가안전관리기본계획에 관한 사항
   ③ 재난 및 안전관리 사업 관련 중기사업계획서, 투자우선순위 의견 및 예산요구서에 관한 사항
   ④ 중앙행정기관의 장이 수립·시행하는 계획, 점검·검사, 교육·훈련, 평가 등 재난 및 안전관리업무의 조정에 관한 사항
   ⑤ 안전기준관리에 관한 사항
   ⑥ 재난사태의 선포에 관한 사항
   ⑦ 특별재난지역의 선포에 관한 사항
   ⑧ 재난이나 그 밖의 각종 사고가 발생하거나 발생할 우려가 있는 경우 이를 수습하기 위한 관계 기관 간 협력에 관한 중요 사항
   ⑨ 재난안전의무보험의 관리·운용 등에 관한 사항
   ⑩ 중앙행정기관의 장이 시행하는 대통령령으로 정하는 재난 및 사고의 예방사업 추진에 관한 사항

안전정책조정위원회

1. 구성
   ① 위원장: 행정안전부장관
   ② 간사: 행정안전부의 재난안전관리사무를 담당하는 본부장

2. 기능
   ① 중앙안전관리위원회의 심의사항 중 ④, ⑤, ⑧, ⑨, ⑩의 사항에 대한 사전 조정
   ② 집행계획의 심의
   ③ 국가핵심기반의 지정에 관한 사항의 심의
   ④ 재난 및 안전관리기술 종합계획의 심의

25 ① LINK 이론서 384~405, 450p

① 「재난 및 안전관리 기본법」 제29조

✅ 선지체크

② **예방**: 재난안전분야 종사자 교육(「재난 및 안전관리 기본법」 제29조의2)
③ **복구**: 특별재난지역 선포(「재난 및 안전관리 기본법」 제60조)
④ **대응**: 위험구역 설정(「재난 및 안전관리 기본법」 제41조)